Eine Bildreise

Georg Jung / Ellert & Richter Verlag

Auf Theodor Fontanes Spuren

Georg Jung, geb. 1945 im Sudetenland; Berufsausbildung im Bereich Werbung, danach Studium an der Hochschule für Bildende Künste in Berlin und anschließend an der Universität Hamburg in den Fächern Psychologie und Ethnologie. Heute arbeitet er freiberuflich als Reiseschriftsteller und Fotograf. Zu seinen Veröffentlichungen zählen mehrere Bildbände. Im Ellert & Richter Verlag erschienen bereits „Das große Rügen-Buch", die Bildreisen „Rügen", „Der Darß, Fischland und Zingst", „Sachsen-Anhalt", „Auf Johann Sebastian Bachs Spuren" und „Der Harz" sowie in der Weißen Reihe der Band „Umbrien".

Fontane-Erinnerungsstätten

Heimatmuseum Neuruppin
August-Bebel-Straße 14/15
16816 Neuruppin
Tel. 0 33 91/45 80 60
Öffnungszeiten:
Di.–Fr. 10–16 Uhr
Sa.–So. 10–17 Uhr
Neben Exponaten zur Geschichte der Stadt, des Grafen Zieten, Schinkels und der Neuruppiner Bilderbogen zeigt das Museum eine sehenswerte Dokumentation zu Fontane mit Familienbildern, Handschriften sowie einem alten Apothekenschrank samt Utensilien aus der historischen Löwen-Apotheke. Die große Standuhr aus Fontanes Arbeitszimmer gehört ebenfalls zu den Ausstellungsstücken.

Heimatstube der Gemeinde Schiffmühle
und Theodor-Fontane-Begegnungsstätte
Dorfstraße 3
16259 Schiffmühle
Tel. 0 33 44/33 37 73
tägl. 10–16 Uhr
Fontanes Vater, Louis Henri Fontane, wohnte in diesem Haus von 1855–1867. Ein Raum mit Erinnerungsstücken und Fotos/Fotokopien und eine Gedächtnistafel im Garten erinnern daran.

Museen zur Region – Eine Auswahl

Mark Brandenburg allgemein
Märkisches Museum des Stadtmuseums Berlin
Am Köllnischen Park 5
10179 Berlin
Tel. 0 30/30 86 60
Di.–So. 10–18 Uhr

Ruppiner Land
Heimatmuseum Neuruppin, s. o.

Oderland
Oderlandmuseum
Uchtenhagenstr. 2
16259 Bad Freienwalde
Tel. 0 33 44/20 56
Di.–Fr. 10–17 Uhr, März bis Oktober So.
13–17 Uhr, November bis Februar So. 13–17 Uhr

Havelland
Museum im Frey-Haus
Ritterstr. 96
14770 Brandenburg
Tel. 0 33 81/52 20 48
Di.–Fr. 9–17, Sa.–So. 10–17 Uhr

Spreewald
Spreewaldmuseum Lübbenau
Topfmarkt 12
03222 Lübbenau
Tel. 0 35 42/24 72
1. April bis 15. September: Di.–So. 10–18 Uhr,
16. September bis 31. Oktober: Di.–So. 10–17 Uhr
November bis März geschl.

Freilandmuseum Lehde
03222 Lehde
Tel. 0 35 42/26 82
1. April bis 15. September tägl. 10–18 Uhr,
bis 31. Oktober 10–17 Uhr

Literaturangaben

Fontane, Theodor: Briefe. 4 Bände, hrsg. v. Kurt Schreinert. Berlin 1968–1971.
Fontane, Theodor: Meine Kinderjahre. Autobiographische Schriften. Herausgegeben von Gotthard Erler, Peter Goldammer und Joachim Krueger. Berlin und Weimar 1982.
Fontane, Theodor: Wanderungen durch die Mark Brandenburg. Band 1–5. Herausgegeben von Gotthard Erler und Rudolf Mingau, Berlin und Weimar 1987, Frankfurt 1989.
Fontane, Theodor: Wanderungen durch die Mark Brandenburg. (Bd. 7): Dörfer und Flecken im Lande Ruppin. Hrsg. von Gotthard Erler unter Mitarbeit von Therese Erler. Berlin und Weimar 1991.
Fontane, Theodor: Von Zwanzig bis Dreißig. Hrsg. Walter Keitel. Frankfurt/M., Berlin, Wien 1980.

Bange, Pierre: Zwischen Mythos und Kritik. Eine Skizze über Fontanes Entwicklung bis zu den Romanen. In: Aust, Hugo (Hrsg.): Fontane aus heutiger Sicht. München 1980.
Fricke, Hermann: Theodor Fontane. Chronik eines Lebens. Berlin-Grunewald 1960.
Fürstenau, Jutta: Fontane und die märkische Heimat. Germanische Studien, Heft 232. Berlin 1941. Neuauflage von 1969.
Heller, Gisela: Unterwegs mit Fontane in Berlin und der Mark Brandenburg. Berlin 1992.
Jolles, Charlotte: Der Stechlin. Fontanes Zaubersee. In: Aust, Hugo (Hrsg.): Fontane aus heutiger Sicht. München 1980.
Jolles, Charlotte: Theodor Fontane. Stuttgart/Weimar 1993.
Lentz, Georg: Märkische Protokolle. Frankfurt/M.–Berlin 1992.
Nürnberger, Helmuth: Theodor Fontane. Reinbek 1968.
Paulsen, Wolfgang: Im Banne der Melusine: Fontane und sein Werk. Bern 1988.
Reuter, Hans-Heinrich: Fontane. Band 1–2. München 1968.
Roch, Herbert: Fontane. Berlin und das 19. Jahrhundert. Berlin-Schöneberg 1982.
Seebass, Friedrich: Vorwort zu: Theodor Fontane: Leicht zu leben ohne Leichtsinn. Witten u. Berlin 1958.

Titelabbildung: Fontane-Denkmal in Neuruppin

Bildnachweis:
Farbfotos: Georg Jung, Hamburg
Abbildungen im Textteil:
Bildarchiv Preußischer Kulturbesitz, Berlin: S.19, 70/71
Heimatmuseum Neuruppin, Neuruppin: S. 7 r., 36
Georg Jung, Hamburg: S. 32, 33, 34, 54 o. u. u., 57, 72, 73
Stadtmuseum Berlin, Theaterabteilung, Handschriftensammlung, Inv.-Nr.: V-67-869: S. 18
Süddeutscher Verlag Bilderdienst, München: S. 10 r., 12, 87
Theodor-Fontane-Archiv, Potsdam: S. 6, 7 l., 8, 10 l., 20, 21, 22

Die Deutsche Bibliothek – CIP-Einheitsaufnahme

Jung, Georg :
Auf Theodor Fontanes Spuren durch die Mark Brandenburg / Georg Jung. – 2. Aufl. – Hamburg : Ellert und Richter, 1999
(Eine Bildreise)
ISBN 3-89234-637-2
NE: HST

Text und Bildlegenden: Georg Jung, Hamburg
Gestaltung: Büro Brückner + Partner, Bremen
Lektorat: Annette Willenborg-Heidbrink, Hamburg
Lithographie: Offset-Repro im Centrum, Hamburg
Satz: KCS GmbH, Buchholz/Hamburg
Karte: Geheimes Staatsarchiv Preußischer Kulturbesitz, Berlin
Druck: Girzig + Gottschalk, Bremen
Bindung: S. R. Büge, Celle

Inhalt

Ich war immer ein schwerfälliger Arbeiter, brauchte, auch in meinen besten Tagen, immer schrecklich viel Zeit“: Man möchte dieser kritischen Selbstbetrachtung, die Theodor Fontane als 75jähriger in einem Brief einmal geäußert hat, kaum Glauben schenken angesichts der Ausdehnung seiner schöpferischen Leistung und der Leichtigkeit des literarischen Stils, den er so hervorragend beherrschte.

Seine ersten Erfolge als Schriftsteller feierte Fontane als Balladendichter, dann als märkischer Wanderer. Erst später entfaltete er seine erzählerische Begabung. Mit meisterhaft gestalteten Gesellschaftsromanen gelang es ihm schließlich, endgültig in die Geschichte der Literatur einzugehen. Der Umfang seines Schaffens ist immens: Neben den Erzählungen, Novellen, Romanen und autobiographischen Schriften gehören etwa 1 000 Gedichte, Tagebücher von rund 2 200 Seiten, unzählige Zeitungsartikel, Causerien über Theaterstücke und Literatur sowie eine unüberschaubare Menge an Notizen zu seinem Werk. Überdies ist Fontane ein unermüdlicher Briefschreiber gewesen: Man schätzt, daß er etwa 10 000 bis 12 000 Briefe verfaßt hat, von denen bislang erst etwa die Hälfte bekannt geworden ist. „Fontane würde zur großen deutschen Literatur gehören“, urteilte der Philologe Hans-Heinrich Reuter, „auch wenn von ihm nichts überliefert wäre als seine Briefe.“

Nicht nur die autobiographischen Schriften oder Tagebucheintragungen sind es, die Aufschluß über Fontanes Leben geben; vielmehr scheint sein ganzes Werk ein Spiegel seiner Persönlichkeit zu sein. „Alles, was ich gegeben habe“, schrieb Fontane 1878 an den Verleger Wilhelm Hertz, „ist nichts als der Ausdruck meiner Natur.“ Besonders die Briefe, deren Tonfall Thomas Mann als „Begleitmusik zu den großen Spätwerken“ bezeichnet hat und in denen man die Stimme eines Dubslav von Stechlin oder des Herrn von Briest zu hören glaubt, enthalten eine Vielzahl von Äußerungen, die Einblick in die Persönlichkeit des Dichters erlauben. Doch hat er es jenen Biographen nicht leichtgemacht, die in dem reichhaltigen Angebot von Selbstzeugnissen einen geradlinigen Verlauf seiner Entwicklung zu suchen bestrebt sind. Immer wieder verwirren die zahlreichen Widersprüche in seiner persönlichen ebenso wie literarischen Biographie und die scheinbare Willkür seines Handelns, so daß in der Fontane-Forschung der Begriff „Ambivalenz“ schon zu einem geflügelten Wort geworden ist. „Das menschliche Herz ist sehr kompliziert“, schrieb Fontane einmal an seine Frau. Er wußte genau, wovon er sprach, denn das seine gehörte sicherlich zu den kompliziertesten. Wie sonst ließe sich erklären, daß er zunächst als Sänger des traditionellen Preußen auftrat und mit „Acht Preußenliedern“ eine Art Heldenepos schrieb, sich wenig später jedoch, während der Märzrevolution, unter die Berliner Aufständischen mischte und mit Äußerungen wie „Preußen muß zerfallen“ und „Preußen war eine Lüge“ viel Aufsehen erregte? Wie soll man seine Mischempfindungen gegenüber dem Adel verstehen? War die Zuneigung zum märkischen Junkertum vielleicht nur poetisch-ästhetischer Natur, während die Abneigung eher seine politische Überzeugung widerspiegelte? Oder hatte sich seine Haltung mit den Jahren dem Gebot einer neuen Zeit gebeugt, als er 1896 schrieb, daß „die bessere Welt erst beim vierten Stand anfängt?“

Wo soll man ihn also einordnen? Mit Recht sagte Friedrich Seebass, man „könne aus dem gleichen Fontane mit seinen eigenen Worten einen Ultraroyalisten, einen waschechten Reaktionär, aber auch einen Parteigenossen des vierten Standes, ja einen Kommunisten machen.“ Folgt man der Theorie, daß die Persönlichkeit eines Menschen im Wechselspiel zwischen individueller Veranlagung und den Einflüssen der Umwelt reift, dann dürften für Fontanes Entwicklung bereits die Schauplätze seiner Kindheit, der Kontrast zwischen dem „spießbürgerlichen“ Neuruppin und dem poetischen Leben in Swinemünde, von prägender Bedeutung gewesen sein. Der Nährboden aber, auf dem seine Seelenzwiespältigkeit gedieh, war durch das elterliche Erbe, durch die charakterlichen Gegensätze von Vater und Mutter schon bestens vorbereitet.

Fontane führte die ungleichen Charaktere seiner Eltern auf die verschiedenartigen Volksstämme zurück, aus denen seine Vorfahren väterlicher- und mütterlicherseits hervorgegangen waren. „Mein Vater“, so erinnerte sich Fontane, „war ein großer stattlicher Gascogner voll Bonhomie, dabei Phantast und Humorist, Plauderer und Geschichtenerzähler, und als solcher, wenn ihm am wohlsten war, kleinen Gasconaden nicht abhold; meine Mutter andrerseits war ein Kind der südlichen Cevennen, eine schlanke, zierliche Frau von schwarzem Haar, mit Augen wie Kohlen, energisch, selbstsuchtslos und ganz Charakter, aber (...) von so großer Leidenschaftlichkeit, daß mein Vater, halb ernst-, halb scherzhaft von ihr zu sagen liebte: ‚Wäre sie im Lande geblieben, so tobten die Cevennenkriege noch.‘“

Louis Henri Fontane (1796–1867), der Vater des Dichters im Alter von 63 Jahren. Die Bleistiftskizze fertigte der Oderbruchmaler Helmuth Raetzer an.

Gascogne und Cevennen lagen bei der Geburt der Eltern freilich schon hundert Jahre zurück. Die Literaturwissenschaft weist heute darauf hin, daß sich Fontane erst in späteren Jahren auf seine romanische Abstammung besonnen hat und bringt das mit der preußisch-deutschen Entwicklung in Zusammenhang, die den Dichter mehr und mehr mit Unbehagen erfüllte.

Fontanes Eltern stammten aus der französischen Kolonie Berlins, jenem Bevölkerungsanteil, der von Frankreich her eingewandert war. Die Vorfahren gehörten zu den französischen Hugenotten, die nach der 1685 erfolgten Aufhebung des Edikts von Nantes in den Strom der Emigration geraten waren und in anderen Ländern Zuflucht gefunden hatten. Ursprüngliche Heimat der Ahnen väterlicherseits war die Saintonge, ein Landstrich nördlich von Bordeaux. Aus dem Languedoc, das Fontane als Ursitz seiner Vorfahren angibt, stammt nur ein Zweig der Familie sowie der erste faßbare Ahnherr der mütterlichen Linie, Pierre Labry, der 1658 geboren wurde.

Emilie Fontane, geb. Labry (1797–1869), die Mutter, mit 20 Jahren. Das Pastellporträt malte der Großvater des Dichters, Pierre Barthélemy Fontane, der Zeichenlehrer am Hof Friedrich Wilhelms II. war.

Als erster in der Ahnengeschichte Fontanes läßt sich 1606 Baptème de Jehan Fontaine ausmachen, der Sohn eines Bäckers aus Alais. Von dort führen die genealogischen Spuren nach Nîmes, wo 1662 Jacques François Fontaine als Sohn von Pierre Fontaine und seiner Frau, einer geborenen Arnaud, das Licht der Welt erblickte. Er wurde Strumpfwirker und emigrierte 1694 der Glaubensverfolgung wegen nach Berlin. Dort heiratete er Marie Duquesne, deren wohlhabende Mutter eine Deutsche gewesen war. Der Sohn aus dieser Ehe, Pierre François, wurde Zinngießer und ehelichte eine Madeleine Aragon. Dieser Verbindung entstammte 1731 Pierre Barthélemy Fontaine, ebenfalls Zinngießer. Er ließ als erster das „i“ im Namen weg und nannte sich Fontane. Mit seiner Frau Marie Luise Schroeder kam der zweite Schuß deutschen Bluts in die Familie. Der 1757 geborene älteste Sohn dieser Familie erhielt den Namen des Vaters, Pierre Barthélemy, und wurde auch Peter Fontane genannt. Er, der Großvater Theodor Fontanes, war Maler und Zeichenlehrer der Kinder Friedrich Wilhelms II., später auch Kabinettssekretär der Königin Luise. Bis zu seinem Tod 1826 war er dreimal verheiratet; aus seiner ersten Ehe mit Louise Sophie Deubel, die einer westfälischen Familie entstammte, ging 1796 als zweiter Sohn der Vater des Dichters, Louis Henri Fontane hervor. Er wurde Apotheker und heiratete im März 1819, zwei Tage vor seinem 23. Geburtstag, die zwei Jahre jüngere Emilie Labry, Tochter eines wohlhabenden Seidenkaufmanns, dessen Vorfahren aus der Languedoc kamen. Das junge Paar ließ sich wenig später in Neuruppin nieder, wo Louis Henri Fontane von gemeinschaftlichem Vermögen die Löwen-Apotheke erworben hatte. Noch im selben Jahr, am 30. Dezember 1819, wurde dort Theodor Fontane (eigentlich Henri Théodore Fontane, wie man ihn am 27. Januar 1820 getauft hat) geboren.

In Neuruppin verbrachte Fontane die ersten Kinderjahre. Ostern 1826 aber – inzwischen waren noch drei weitere von insgesamt vier Geschwistern geboren – mußte der etwas leichtlebig veranlagte und in geschäftlichen Dingen unerfahrene Vater seinen Besitz wieder aufgeben. Seine Leidenschaft für das Glücksspiel hatte ihn in ernste finanzielle Schwierigkeiten gebracht. Da er die Löwen-Apotheke mit gu-

Neuruppin, die Geburtsstadt Theodor Fontanes. Die um 1850 entstandene Lithographie zeigt den berühmten Blick über den Ruppiner See. Die nahe am Seeufer gelegene Klosterkirche verleiht dem Stadtbild auch heute noch – baulich zwar verändert – einen besonderen Akzent.

tem Gewinn veräußerte, konnte er seine Schulden bezahlen: Der größte Anteil ging an seinen eigenen Vater, der Hauptgläubiger war. Der Rest des Verkaufserlöses reichte dennoch aus, um davon einen neuen Besitz zu erwerben.

Auf der Suche nach einer anderen Apotheke entwickelte Vater Fontane in der darauffolgenden Zeit eine rege Reisetätigkeit, die ihn nach Berlin und in die Provinz führte. Er hatte, erinnerte sich Fontane, „eine ganz aufrichtige Passion für Pferd und Wagen, und sein Lebelang in der Welt umherzukutschieren, immer auf der Suche nach einer Apotheke, ohne diese je finden zu können, wäre wohl eigentlich sein Ideal gewesen." Zunächst aber fand er die Adler-Apotheke in Swinemünde.

Theodor Fontane war siebeneinhalb Jahre alt, als die Eltern im Sommer 1827 mit ihren vier Kindern von Neuruppin nach Swinemünde übersiedelten. Knapp fünf Jahre verbrachte er in dem Ostseestädtchen; es war die glücklichste Zeit seines Lebens. Was er hier erlebte, erschien ihm wie ein Kontrastprogramm zum heimatlichen Neuruppin, das für ihn zu den Orten gehörte, wo „die Langeweile ihre graue Fahne" schwang. „Denn das Leben auf Strom und See, der Sturm und die Überschwemmungen, englische Matrosen und russische Dampfschiffe, die den Kaiser Nikolaus brachten – das war besser als die unregelmäßigen Verba, das einzig Unregelmäßige, was es in Ruppin gab", schrieb er 1890 in einem Brief an Georg Friedländer.

Fontane wuchs ohne schulischen Zwang in einem äußerst anregenden Umfeld auf. Der strengen Obhut seitens der Mutter stand ein Erziehungsstil des Vaters gegenüber, der dem Motto „leben und leben lassen" folgte. Seine Ausbildung erfuhr Fontane hauptsächlich durch Hauslehrer und den eigenen Vater, der ihn in einer Art unterrichtete, die er die „sokratische" nannte. Das sah in etwa so aus, daß er bei der Zusammenstellung des Lehrstoffs willkürlich Dinge herausgriff, die ihm zufällig in den Sinn kamen oder von denen er gerade gelesen hatte, geographisches und geschichtliches Wissen damit verband und die Unterrichtsstunde gewöhnlich mit einer historischen Anekdote abschloß. „Von dem, was mir mein Vater beizubringen verstand, ist mir nichts verlorengegangen (…), und wenn ich gefragt würde, welchem Lehrer ich mich so recht eigentlich zu Dank verpflichtet fühle, so würde ich antworten müssen: meinem Vater." Die sonderbare Unterrichtsmethode hat auch dazu geführt, daß sich Fontane bereits in jungen Jahren mit Vorliebe der Zeitungslektüre widmete – eine Neigung, die er sein ganzes Leben lang pflegte – und sich so mit dem weltpolitischen Geschehen auseinandersetzte.

Das nüchterne, preußisch geprägte Neuruppin und die weltoffene, poetisch anmutende Stadt Swinemünde bildeten die gegensätzlichen Pole in Fontanes Kindheit. Sie stellten „eine ähnliche Konstellation dar wie die pflichtbewußte Mutter und der liebenswürdige, aber leichtfertige Vater", schrieb der Literaturwissenschaftler Helmuth Nürnberger. Das Erlebnis des historisch-landschaftlichen Umfelds von Neuruppin führte Fontane später zu den „Wanderungen" und zum „Stechlin". Im Roman „Effi Briest" hingegen fand er in die Gegend um Swinemünde zurück.

Theodor Fontane war sieben Jahre alt, als seine Eltern im Sommer 1827 mit ihm und seinen Geschwistern von Neuruppin nach Swinemünde übersiedelten, wo der Vater die Adler-Apotheke erworben hatte. In dem Ostseestädtchen mit seiner durch Handel und Schiffahrt gegebenen Lebendigkeit verbrachte der Junge die glücklichsten Jahre seiner Kindheit. Die Abbildung zeigt die erste Apotheke in Swinemünde nach einem Stich um 1830.

Um ihrem Jungen die Möglichkeit einer geordneten Schulausbildung zu ermöglichen, schickten ihn seine Eltern Ostern 1832 nach Neuruppin zurück, wo er in die Quartastufe des Gymnasiums eintrat. Während dieser Zeit fand er in der Familie des Superintendenten ein zweites Zuhause. Aber schon im darauffolgenden Jahr verließ er die Lehranstalt wieder und wechselte auf die Klödensche Gewerbeschule nach Berlin. In dieser Zeit wohnte er bei Onkel August, dem Halbbruder seines Vaters, der – noch mehr als dieser – von „Gascogner Art“ war, ein liebenswürdiger Taugenichts, der bei seiner leichtlebigen Art kaum ein wünschenswertes Vorbild für einen Vierzehnjährigen gewesen sein dürfte. Doch der junge Fontane blieb erstaunlich unbeeindruckt davon; als er in reiferem Alter die Eigentümlichkeit dieses Charakters durchschaut hatte, bekam er eine Gänsehaut bei dem Gedanken, daß seiner eigenen Liebenswürdigkeit der gleiche „Moraldefekt“ zugrunde liegen könnte.

Berlin wurde von nun an mit einigen Unterbrechungen Fontanes eigentliche Heimatstadt. Nach erfolgreicher Beendigung der Gewerbeschule im März 1836 mit dem Einjährigen-Zeugnis folgte er den beruflichen Spuren seines Vaters und begann in der Roseschen Apotheke eine Lehre. Von der Ausbildungszeit, die üblicherweise vier Jahre dauerte, wurde ihm ein Vierteljahr erlassen, so daß er die Lehre bereits Weihnachten 1839 abschließen konnte. Das Erlernen der pharmazeutischen Kunst hatte ihm offensichtlich genügend Zeit gelassen, nebenher eifrig Gedichte und auch Prosa zu schreiben. Die Lehrzeit war gerade zu Ende gegangen, als der „Berliner Figaro“, bei dem Fontane schon als Lyriker und Balladendichter bekannt war, seine erste Novelle „Geschwisterliebe“ abdruckte. Es war für ihn wie ein Geschenk zum bestandenen Examen: „diese vier Spalten mit ‚Fortsetzung folgt‘, das war großartig“, berichtete er voller Stolz.

Der frischgebackene Apothekergehilfe blieb noch fast ein Jahr in der Roseschen Apotheke. Während er im Labor Rezepturen mischte und in einem Zinnkessel Queckenextrakt für den englischen Markt kochte, konnte er seinen poetischen Neigungen ungestört nachgehen. „Schönere Gelegenheit zum Dichten ist mir nie wieder geboten worden; die nebenherlaufende, durchaus mechanische Beschäftigung, die Stille, und dann wieder das Auffahren, wenn ich von der Eintönigkeit eben schläfrig zu werden anfing, – alles war geradezu ideal, so daß, wenn zwölf Uhr herankam, (...) ich die mir dadurch gebotene Freistunde jedesmal zum Niederschreiben all dessen benutzte, was ich mir an meinem Braukessel ausgedacht hatte.“ Bald hatte Fontane auch zwei größere Arbeiten vollendet: eine Dichtung, die sich „Heinrichs IV. erste Liebe“ nannte, und einen Roman mit dem Titel „Du hast recht getan“. Durch seine Veröffentlichungen gelang ihm der Zugang zu den literarischen Kreisen Berlins: Er trat dem Platen- und dem Lenau-Klub bei.

Im Herbst 1840 verließ Fontane Berlin, um als Apothekergehilfe in Burg bei Magdeburg seinen Unterhalt zu verdienen. Er blieb dort nur drei Monate – lange genug, um aus den Eindrücken dieser kurzen Zeit das kleine satirische Epos „Burg“ zu schaffen. Seine nächste Station war Leipzig, wo er in die Apotheke „Zum Weißen Adler“ eintrat. Die aufgeschlossene Atmosphäre der Stadt gab der literarischen Entwicklung Fontanes neue Impulse. Er schloß sich dort dem „Herwegh-Klub“ an, einer studentischen Vereinigung, die nach Georg Herwegh (1817–1875), dem radikalen, 1839 emigrierten Schriftsteller benannt und weniger literarisch orientiert war, als daß sie revolutionären Bestrebungen nachging. Möglicherweise haben sich in dieser Zeit Fontanes politische Ansichten radikalisiert; einige Mitglieder dieser Organisation hatten später Verbindung zu Marx und Engels.

In Leipzig wie auch anschließend in Dresden, wo Fontane ab Mitte 1842 für ein Dreivierteljahr in der Salomonis-Apotheke Gustav Struves arbeitete, zeichnete sich für ihn immer deutlicher eine literarische Laufbahn ab. Zwischen 1841 und 1843 erschienen regelmäßig seine Gedichte in der belletristischen Zeitschrift „Die Eisenbahn“. Nachdem er die Stelle bei Gustav Struve aufgegeben hatte, arbeitete er zeitweise in der Apotheke seines Vaters in Letschin im Oderbruch, wohin die Familie mittlerweile gezogen war. Vorübergehend hatte er auch erwogen, das Abitur nachzuholen, um zu studieren – am liebsten Geschichte. Doch sein Lebensweg führte in eine andere Richtung: Am 1. April 1844 trat er freiwillig für ein Jahr in das Kaiser-Franz-Garde-Regiment in Berlin ein, bei dem Bernhard von Lepel, sein Freund und späterer Reisegefährte, als Leutnant stand. Knapp zwei Monate später unternahm er seine erste Englandreise.

Nach Abschluß des Militärjahrs suchte der junge Mann wieder eine geeignete Stelle, um seine Apothekerlaufbahn fortzusetzen. Er fand sie in der „Polnischen Apotheke“ in der Berliner Friedrichstraße, die dem Medizinalrat Schacht gehörte. Dort blieb er etwa ein Jahr lang. In dieser Zeit traf Fontane eine Entscheidung, die er später als die glücklichste seines Lebens bezeichnen sollte: Er verlobte sich, und zwar mit Emilie Rouanet-Kummer. Sie war die Enkelin von Etienne Rouanet, der durch die Gunst Friedrichs II. das Amt des Stadtkämmerers in Beeskow innegehabt hatte. Emilie kam während der Witwenschaft ihrer Mutter zur Welt und wurde als Dreijährige von dem Rat Karl Wilhelm Kummer adoptiert. Fontane hatte sie ungefähr zehn Jahre zuvor bei seinem Onkel kennengelernt; er war damals 15, sie gerade zehn Jahre alt. Ihm war ihre „abruzzenhafte“, ein wenig verwilderte Erscheinung aufgefallen. „Als ich die Kleine zum ersten Mal sah, trug sie heruntergeklappte nasse Stiefel, einen kleinen Mantel von rotem Merino mit schwarzen Käfern drin und einen sonderbaren, nach hinten sitzenden Strohhut, der ihr bei den Straßenjungen den Beinamen ‚das Mächen mit de Eierkiepe‘ eingetragen hatte. Das alles war aber in meinen Augen viel mehr frappant als störend und ich möchte beinah sagen, daß ich mich auf der Stelle in das sonderbare Kind verliebte.“ Er verlor das Mädchen dann aus den Augen, und erst, als er nach seiner

Leipziger und Dresdner Zeit wieder nach Berlin zurückgekehrt war, setzte sich die Bekanntschaft fort. Der Verlobungsantrag kam völlig spontan, ohne die Präliminarien einer Liebeserklärung und ohne daß die dabei gesprochenen Worte sich von manchen früher gesprochenen wesentlich unterschieden, so daß er sich beim Abschied nochmals vergewissern mußte: „Wir sind aber nun wirklich verlobt“, wie Fontane in „Von Zwanzig bis Dreißig“ schreibt.

Um aber heiraten zu können, brauchte er eine solide Existenzgrundlage. Diese Erkenntnis beflügelte seine Anstrengungen, sich auf das Apothekerexamen vorzubereiten, und zwar zunächst als Schüler bei Professor Sonnenschein, später in der Apotheke seines Vaters. Im März 1847 bestand er die Staatsprüfung zum Apotheker, hatte aber „keine Spur von Lebensaussicht“, bloß eine Braut, die auf ihn wartete. Die Bemühungen, eine eigene Apotheke in Frankfurt/Oder zu erwerben, waren daran gescheitert, daß er die dazu erforderlichen finanziellen Mittel nicht aufbringen konnte. Um wieder unterzukommen, trat er im Herbst 1847 in die Jungsche Apotheke ein. Wenige Monate zuvor hatten sich seine Eltern ohne Scheidung getrennt, und Mutter Fontane war nach Neuruppin zurückgegangen.

Emilie Rouanet-Kummer (1824–1902) als Braut. Im Dezember 1845 hatte sich Fontane mit ihr verlobt. Er heiratete sie knapp fünf Jahre später.

Für seine literarische Entwicklung war die einige Jahre zuvor begonnene Freundschaft zu Bernhard von Lepel wichtig geworden. Durch ihn hatte er Zugang zum „Tunnel über der Spree“ bekommen, einem Berliner Schriftstellerzirkel, dem bekannte Künstler und Schriftsteller wie Adolph Menzel, Theodor Storm oder Paul Heyse sowie einflußreiche Persönlichkeiten des gesellschaftlichen und politischen Lebens angehörten. Ende September 1844 schloß sich auch Fontane diesem Kreis, den er als „Rauch- und Trinkkabinett mit literarischem Anspruch“ bezeichnete, als ordentliches Mitglied an und blieb ihm über ein Jahrzehnt eng verbunden. In dieser Zeit war er, was die literarischen Beiträge betraf, das produktivste aller Mitglieder.

Zweifellos nahm die Zugehörigkeit zum „Tunnel“ mit seinen Seitentrieben „Rütli“ und „Ellora“ einen deutlichen Einfluß auf die nachfolgende künstlerische Entwicklung Fontanes. Um anerkannt zu werden, paßte er sich dem herrschenden Geschmack an, wobei sich seine Arbeit in eine Richtung bewegte, die ihn in Widersprüche mit den bisherigen Anschauungen verwickeln mußte: Weil literarische Vorträge mit politischer Aussage und sozialem Engagement im „Tunnel“ unerwünscht waren, änderte Fontane von nun an Form und Inhalt seiner Dichtung. Von der politischen Vormärz-Lyrik wechselte er zur Balladendichtung, und anstelle des liberalen Gedankenguts traten nun die patriotische Gesinnung und die Hinwendung zu Themen der brandenburgischen Geschichte in den Vordergrund. Mit dem Heldengedicht „Der alte Derfflinger“, dem weitere patriotische Dichtungen im Volksliedton folgten, erzielte er unter den „Tunnel“-Mitgliedern den angestrebten Durchbruch und ein Maß an Zustimmung, das weit über die bis dahin gehabten Erfolge hinausgingen.

Das war 1846. Zwei Jahre später sorgten die Zeitereignisse für eine abermalige Änderung seines Kurses: Bei Ausbruch der Revolution am 18. März 1848 fand man Fontane auf seiten der Barrikadenkämpfer. In der Berliner „Zeitungs-Halle“, dem Publikumsorgan der Demokraten, veröffentlichte er vier Aufsätze zur Lage Preußens, in denen sich auch die bemerkenswerte Äußerung findet, daß der preußische Staat sterben müsse.

Von Sommer 1847 bis Herbst 1848 arbeitete Fontane im christlichen Krankenhaus Bethanien, wo ihm die pharmazeutische Ausbildung zweier Diakonissinnen oblag. Dann setzte er seiner Apotheker-Laufbahn ein Ende. Er beschloß, die Schriftstellerei zu seinem Beruf zu machen und begann am 1. Oktober 1849 sein Leben zunächst „auf den Vers“ zu stellen. Denn „das Gedicht ist dein Besitz und wenn es nur leidlich gut ist, kann es immerhin für etwas gelten. Wenn du aber einen Aufsatz schreibst, den niemand haben will (...), so hast du rein gar nichts“, begründete er seinen Entschluß.

Die erste Zeit seiner literarischen Laufbahn verlief alles in allem recht glücklich, obgleich die finanziellen Erträge aus der Dichtkunst eher bescheiden waren. Die Sorge um die gemeinsame Zukunft mit seiner Braut nahm ihm die Möglichkeit, bei der Wahl seiner Auftraggeber besonders kritisch zu sein. Darin mag auch der Grund dafür liegen, daß er einerseits Beiträge für die radikal demokratische „Dresdner Zeitung“ schrieb, wenig später aber Mitarbeiter bei der konservativen Regierungspresse „Deutsche Reform“ wurde

Theodor Fontane, Jugendporträt aus dem Jahr 1842/43 nach einem Gemälde von David Ottensooser. Obwohl der junge Fontane zu diesem Zeitpunkt noch die Apothekerlaufbahn verfolgte, hatte er bereits mit zahlreichen Gedichten, einem Roman sowie einer Novelle und einem Epos auf seine literarische Berufung aufmerksam gemacht.

und ein Stellenangebot des „Literarischen Büros" des preußischen Innenministeriums, dessen Leitung sein Freund Wilhelm von Merckel übernommen hatte, annahm. Das „Literarische Büro" war eine Art staatliches Kontrollorgan, das die Aufgabe hatte, die Presse im Sinne der Regierung zu beeinflussen und demokratische Tendenzen zugunsten „patriotischer Bildung" zu unterdrücken. Die Aussicht auf ein regelmäßiges Gehalt von 40 Talern monatlich, das ihm die Arbeit dort einbringen sollte, ermutigte Fontane, seine Emilie nach fünfjähriger Verlobungsdauer am 16. Oktober 1850 endlich zu heiraten.

Ob die fast 48 Jahre währende Ehe glücklich oder – wie Gerhart Hauptmann mutmaßte – „kameradschaftlich gealtert" war, soll hier nicht entschieden werden. Fest steht, daß sich beide Partner bis zum Tode eng miteinander verbunden fühlten, trotz mancher, teils ernsthafter Krisen, die sich aus der Unvereinbarkeit der verschiedenen Welten, in denen sie lebten, sowie der Enttäuschung unerfüllter Träume und Hoffnungen fast zwangsläufig ergeben mußten. In vorbildlicher Weise erfüllte Emilie die ihr zugewiesene traditionelle Rolle einer Hausfrau und Mutter. Sie gebar sieben Kinder, von denen aber nur drei die Eltern überlebten. Im übrigen teilte sie das Los, das vielen Schriftstellerfrauen bis zum heutigen Tage beschieden ist: Sie schrieb die Manuskripte ihres Mannes ins reine – viele tausend Seiten.

Für sein Künstlertum aber konnte sie wenig Verständnis aufbringen, und sie tat sich schwer damit, in ihm einen Dichter zu sehen. Er hingegen war nicht in der Lage, ihren Wunsch nach einer bürgerlichen, gesicherten Existenz zu erfüllen. Die Vielzahl der Briefe, die er im Laufe seines Lebens an seine Frau geschrieben hat, mögen zwar ein Hinweis dafür sein, daß er sie an seinem inneren Leben stets hat teilhaben lassen, doch war es ihm, ähnlich wie seinem Vater, nicht gegeben, Gefühle von Liebe und Zuneigung auszudrücken. Der Sohn hatte mancherlei charakterliche Merkmale mit dem Vater gemein – Merkmale, die im Falle der elterlichen Ehe zur Trennung geführt hatten.

Bereits anderthalb Monate nach der Hochzeit hatten sich die wirtschaftlichen Schwierigkeiten wieder eingestellt. Als Merckel von der Leitung des „Literarischen Büros" zurücktrat, verlor auch Fontane dort seinen Posten. Er nahm die Kündigung allerdings gelassen, ja sogar mit einem Gefühl der Erleichterung entgegen, hatte er sich doch in dieser Stellung ohnehin nicht wohl gefühlt und die streng konservative Politik des Innenministers und späteren Ministerpräsidenten Otto Theodor Freiherr von Manteuffel (1805–1882), die er vertreten mußte, abgelehnt. In dem Bemühen um ein leidliches Auskommen richtete er in seiner Wohnung ein Schülerpensionat ein, das er aber wenig später schon wieder aufgab. Mit Privatunterricht in Englisch, Deutsch, Geschichte und Geographie versuchte er, seine schwierige Finanzlage zu verbessern. Ein Gesuch an Friedrich Wilhelm IV. (geb. 1795, 1840–1861) um Unterstützung auf bestimmte Zeit wurde mit der Begründung, daß die politische Gesinnung Fontanes „nicht ganz lauter" sei, abgelehnt. Schlechten Gewissens, jedoch der Not gehorchend bewarb er sich nun erneut bei der Regierungspresse. Ab November 1851 trat er in den Dienst der aus dem „Literarischen Büro" hervorgegangenen „Zentralstelle für Preßangelegenheiten" und arbeitete als Korrespondent für die „Preußische Zeitung", auch „Adler-Zeitung" genannt. „Man kann nun mal als anständiger Mensch nicht durchkommen", rechtfertigte er sich gegenüber seinem Freund von Lepel und fügte wenig später hinzu: „Wie ich's drehn und deuteln mag – es ist und bleibt Lüge, Verrat, Gemeinheit." Für das nämliche Blatt reiste er im Frühjahr 1852 nach London. Es war seine zweite Englandreise, nachdem er bereits im Sommer 1844 auf Einladung eines Freundes dort gewesen war.

Im September 1855 wurde Fontane erneut nach London geschickt. Er war beauftragt worden, zur Unterstützung der preußischen Politik eine „Deutsch-Englische-Korrespondenz" herauszugeben. Als dieses Projekt scheiterte, erhielt er eine Bestellung zum Presseagenten der preußischen Regierung. Im Juli 1857 ließ er seine Familie – Emilie mit den Söhnen George und Theodor – nach London nachkommen. Der Englandaufenthalt, der mit kurzen Unterbrechungen bis zum Januar 1859 dauerte, gab der beruflichen und persönlichen Entwicklung Fontanes neue Impulse. Befreit von der provinziellen Enge Preußens, erlebte er eine Metropole, in der Weltpolitik gemacht wurde. Er genoß den großzügigen englischen Lebensstil, den angelsächsischen Humor und die Weltoffenheit einer prosperierenden Stadt. Die Erlebnisse der englischen und schottischen Kulturlandschaften mit ihren geschichtlichen Stätten, den Ruinen und zerfallenen Klöstern vermittelten ihm eine Fülle an literarisch verwertbaren Eindrücken. Mit kritischem Verstand nahm er aber auch den Prozeß der gesellschaftlichen Veränderungen wahr und stellte betroffen fest, daß in dem Land, aus dem die Balladen stammten und in dem die Dichtung eines Sir Walter Scott (1771–1832) kaum eine Generation zurücklag, die Poesie der Macht des Kapitals zum Opfer gefallen war.

Mit der Zeit begann sich Fontane wieder nach Berlin zurückzusehnen. In seinen englischen Briefen klang immer deutlicher das Gefühl von Einsamkeit und geistigen Entwurzeltseins an. „Was ich hier auf die Dauer nicht ertragen kann", schrieb er Ende Juni 1858 an seine Mutter, „das ist das Alleinstehn, die geistige Vereinsamung (…). Wir sind eine Pflanze im fremden Boden; es nutzt nichts, daß man alle Sorten von Mist um sie herpackt, sie geht doch aus, weil sie nun mal an andres Erdreich gewöhnt ist, und wenn es auch nur der vielverschrieene märkische Sand wäre." Im Januar 1859 kehrte er schließlich für immer in seine Heimatstadt zurück. Nachdem im Oktober 1858 Prinz Wilhelm von Preußen die Regentschaft übernommen hatte, war es wenig später zum Sturz des Kabinetts Manteuffel gekommen. Das hatte zur Folge, daß Fontane als Presseagent abberufen wurde. Die literarische Ausbeute seines Englandaufenthalts erschien ein Jahr später in Buchform, darunter das schottische Reisebuch „Jenseit des Tweed".

Schon bald nach seiner Rückkehr setzten seine Vorarbeiten für die märkischen „Wanderungen" ein, die er bereits in London geplant hatte. Als eine Art Einstimmung auf das Thema war im Juli 1859 die

Publikation „Ein Stündchen vorm Potsdamer Tor“ entstanden, eine kleine Studie, die später nicht in die „Wanderungen“-Bände mitaufgenommen wurde.
Im Sommer 1859 unternahm er in Begleitung seines Freundes von Lepel die erste Fahrt, die in das Land Ruppin führte. Wenig später ging es in den Spreewald, und im Herbst bereiste er die Altmark mit den Städten Werben, Arendsee, Salzwedel, Seehausen, Stendal, Tangermünde, Jerichow und Redekin sowie den ehemaligen Bischofssitz Havelberg. Noch im selben Jahr erschienen die ersten Reisekapitel in der „Preußischen Zeitung“ und der „Kreuzzeitung“. Mit den „Wanderungen“ hatte Fontane eine Arbeit begonnen, die ihn bis zu seinem Lebensende beschäftigen sollte.
Nach dem Eintritt in die „Neue Preußische Zeitung“ („Kreuzzeitung“) am 1. Juni 1860 hatten sich die wirtschaftlichen Verhältnisse Fontanes etwas stabilisiert. Die zehn Jahre währende Bindung an das erzkonservative Blatt läßt jedoch keine Rückschlüsse auf seine politische Einstellung in jener Zeit zu; Existenzängste dürften ihn zu diesem Schritt bewogen haben. Inzwischen hatte sich die Familie noch um ein weiteres Mitglied vergrößert: Zu den beiden am Leben gebliebenen Kindern der ersten Ehejahre, George und Theodor, war im März 1860 die Tochter Martha, genannt „Mete“, geboren worden; vier Jahre später kam mit Friedrich, dem Letztgeborenen, der sechste Sohn zur Welt.
Die redaktionelle Tätigkeit sowie die Arbeit an den „Wanderungen“ ließen Fontane genügend Zeit, sich während der folgenden Kriegszeiten – der Dänische Krieg 1864, der Deutsche Krieg 1866 und der Deutsch-Französische Krieg 1870/71 – der Kriegsgeschichtsschreibung zu widmen. Im Zusammenhang mit der Berichterstattung unternahm er verschiedene Reisen zu den Kriegsschauplätzen. Als Spion verdächtigt, geriet er im Oktober 1870 sogar in französische Gefangenschaft, aus der er dank des Eingreifens von Bismarck nach einigen Monaten wieder entlassen wurde. Auch diese Zeit brachte ihm literarische Ernte ein.
In den siebziger Jahren schlug Fontanes Lebenslauf eine neue Richtung ein. Mit der Kündigung seiner Stelle bei der „Kreuzzeitung“ wieder unabhängig geworden, lebte er allein von Erträgen seiner literarischen Arbeit. Für die „Vossische Zeitung“ etwa schrieb er regelmäßig Theaterkritiken. Ein letztes Mal machte er seiner Familie zuliebe einen Anlauf, sich in einer festen Anstellung zu binden: Im März 1876 wurde er zum ersten Sekretär

Theodor Fontane in seinem Berliner Arbeitszimmer in der Potsdamer Straße 134 c. Hier schrieb er seine großen Romane und Novellen. Das Foto entstand 1894 an seinem 75. Geburtstag.

der Königlichen Akademie der Künste berufen. Doch der Versuch schlug fehl; nach wenigen Monaten gab er den Posten eines höheren Beamten wieder auf, da ihm die betreffende Arbeit zutiefst widerstrebte. Die Welt des Schriftstellers ließ sich nicht der „Maschinerie, die sich Staat nennt", unterordnen. „Eine Strophe von Paul Gerhardt ist mehr wert als dreitausend Ministerialreskripte", so rechtfertigte er sein Ausscheiden.
Mit dem Erscheinen des ersten Romans Ende Oktober 1878 „Vor dem Sturm", dem sich nur einen Monat später der Vorabdruck der Novelle „Grete Minde" anschloß, stellte Fontane seine erzählerische Kunst in den Vordergrund seines Schaffens. In kurzen Abständen folgten weitere Romane und Novellen: „L'Adultera" (1882 als Buchausgabe), „Ellernklipp" (1881), „Schach von Wuthenow" (1883), „Graf Petöfy" (1884), „Cécile" (1887), „Irrungen und Wirrungen" (1888). In den Jahren 1888 bis 1892 vollendete er die Romane „Stine", „Quitt", „Unwiederbringlich" und „Frau Jenny Treibel" sowie den letzten Wanderungsband „Fünf Schlösser". Manche Geschichten spielen dabei an Orten, die Fontane regelmäßig als Sommerfrische aufgesucht hat: So ist der Roman „Cécile" in die Harzlandschaft zwischen Hexentanzplatz und Roßtrappe versetzt, während „Quitt" das Riesengebirge zur Kulisse hat.
1889 feierte Fontane seinen siebzigsten Geburtstag. „Deputationen, Blumen, Gedichte, 400 Briefe und Telegramme. Alles verläuft glatt und glücklich." Nicht ganz; Fontane war dadurch verstimmt, daß sich der märkische Adel, dem er mit seinen „Wanderungen" ein Denkmal gesetzt hatte, mit wenigen Ausnahmen nicht hatte blicken lassen. Die überwiegende Zahl der Gratulanten gehörte anderen Schichten an. Seine damalige Stimmung mag der geglichen haben, in der er fünf Jahre später aus ähnlichem Anlaß das Gedicht „An meinem Fünfundsiebzigsten" niederschrieb:

(...)
Ich dachte, von Eitelkeit
eingesungen:
Du bist der Mann der „Wanderungen",
Du bist der Mann der märk'schen
Gedichte,
Du bist der Mann der märk'schen
Geschichte.
Du bist der Mann des alten Fritzen
Und derer, die mit ihm bei Tafel sitzen,
(...)
Du bist der Mann der Jagow und
Lochow,
Der Stechow und Bredow, der Quitzow
und Rochow,
Du kanntest keine größeren Meriten
Als die von Schwerin und vom alten
Zieten,
(...)
Und über alle hab ich geschrieben.
Aber die zum Jubeltag kamen,
Das waren doch sehr, sehr andre Namen,
(...)
Meyers kommen in Bataillonen,
Auch Pollacks und die noch östlicher
wohnen;
Abram, Isaack, Israel,
Alle Patriarchen sind zur Stell'.
Stellen mich freundlich an ihre Spitze,
Was sollen mir da noch die Itzenplitze!
(...)

Auch die letzten neun Jahre seines Schaffens waren hauptsächlich der Romandichtung gewidmet. 1892 unterbrach eine schwere Krankheit mit nachfolgender Depression die Arbeit an „Effi Briest". Mit der Niederschrift seiner 1893 fertiggestellten Autobiographie „Meine Kinderjahre" half er sich über die Krise hinweg. „Effi Briest" konnte schließlich 1894/1895 in der „Deutschen Rundschau" im Vorabdruck erscheinen. 1898 folgten der zweite autobiographische Roman „Von Zwanzig bis Dreißig" und sein vielleicht reifstes Romanwerk „Der Stechlin", das er als Buchausgabe nicht mehr erleben sollte. Fontane starb unerwartet am 20. September 1898. Am Morgen seines Todestages hatte er noch an seine Frau geschrieben, die zu einer Freundin nach Schlesien gereist war. Mit diesem Brief, der ganz in Fontanescher Art mit einer Anekdote abschloß, beendete er sein reiches literarisches Schaffen. Auf dem Friedhof der französischen Domgemeinde in der Liesenstraße fand er seine letzte Ruhestätte.
Fontane lebte in einer durch gewaltige politische, gesellschaftliche und geistige Bewegungen aufgerüttelten Zeit: dem 19. Jahrhundert mit seiner gescheiterten Revolution und seinen Kriegen, mit der wachsenden Industrialisierung und der Reichsgründung, mit seinen Kaisern und adligen Grundbesitzern. Er verfolgte die Dynamik des Zeitgeschehens immer mit großer Anteilnahme. Mit Abscheu reagierte er auf alles Bourgeoisiehafte und ein auf Äußerlichkeiten gerichtetes Dasein, auf pathetisches Gehabe, Pose und Phrase. Die Moralvorstellungen und überkommenen Ehrbegriffe seiner Zeit zog er in Zweifel und machte sie mehrfach zum Thema seiner Romane. Er erkannte die Brüchigkeit des Alten und die Forderung des Neuen. „Alles Alte, soweit es Anspruch darauf hat, sollen wir lieben, aber für das Neue sollen wir recht eigentlich leben", so schrieb er in seinem letzten großen Werk „Der Stechlin".
„So wie er ganz zuletzt war, so war er eigentlich." Dieser Satz, mit dem Fontane in „Meine Kinderjahre" das Charakterbild seines Vaters abschloß, trifft auch auf ihn selbst zu. Hans-Heinrich Reuter hat in seiner Fontane-Biographie die Wirkungsgeschichte des Dichters als die „Geschichte einer Verspätung" bezeichnet: Die Dichtergeneration, der Fontane angehörte, war für manche schon belächelte Vergangenheit, als die junge Generation den alten Fontane für sich zu entdecken begann. „Die Verspätung", so schrieb Reuter, „schlug in ihr Gegenteil um. Was senile Verirrung zu sein schien, wurde als jugendliche Verheißung erkannt und begrüßt. Nicht als ein Letzter, Verspäteter erschien Fontane mehr, gegenteils als Erster, fast noch Verfrühter." Er brachte die deutsche Erzählkunst auf einen Stand, den keiner seiner Zeitgenossen erreicht hat.

Eine von vielen: Kastanienallee im Ruppiner Land. Wer heute auf solchen Wegen in Brandenburg wandert, wird an Theodor Fontane denken müssen und sich an seine Worte erinnern: „Wie oft bin ich dieses Wegs gekommen. Um Pfingsten, wenn die Bäume weiß waren von Blüten (…).“ Mit seinen „Wanderungen durch die Mark Brandenburg“ hat der Dichter das Land literarisch erschlossen und den Weg für den märkischen Tourismus bereitet.

71
66

Eine geheimnisvolle Stille liegt über dem Wasser des Großen Stechlinsees. Nur trügerischer Schein? Einer alten märkischen Sage zufolge soll der See nämlich sehr launisch sein und auf die großen Veränderungen draußen in der Welt temperamentvoll reagieren, manchmal sogar mit dem Aufsteigen eines „roten Hahns". Durch sein Romanwerk „Der Stechlin" hat ihn Fontane zum bekanntesten Gewässer Brandenburgs gemacht. Aber auch in den „Wanderungen", die den epischen Werken des Dichters vorangingen und mit ihnen vielfach verknüpft sind, ist der magische See mit seinen Merkwürdigkeiten ausführlich beschrieben.

„Ob du reisen sollst, so fragst du, reisen in der *Mark?* Die Antwort auf diese Frage ist nicht eben leicht." Doch wie hätte sie der große märkische Wanderer mit „nein" beantworten können? Also „ja" – aber unter Einschränkungen.

„Wer in die Mark reisen will", so gab Fontane im Vorwort seines ersten Wanderungsbandes zu bedenken, „der muß zunächst Liebe zu ‚Land und Leuten' mitbringen, mindestens keine Voreingenommenheit." Ferner verlangte er vom Reisenden eine feinere Art von Natur- und Landschaftssinn: Er dürfe nicht gleich einen „Gletscher oder Meeressturm" verlangen. Er müsse ferner die Geschichte des Landes kennen, genügsam in seinen Komforterwartungen sein und nicht zuletzt einen gut gefüllten Geldbeutel haben. Wer nach diesen Erwägungen die Reise trotzdem wagte, der sollte es nicht bereuen: „Du wirst Entdeckungen machen", versprach der Dichter, „denn überall, wohin du kommst, wirst du, vom Touristenstandpunkt aus, eintreten wie in ‚jungfräuliches Land'. Du wirst Klosterruinen begegnen, von deren Existenz höchstens die nächste Stadt eine leise Kenntnis hatte; du wirst inmitten alter Dorfkirchen, deren zerbröckelter Schindelturm nur auf Elend deutete, große Wandbilder (...) finden; du wirst Schlachtfelder überschreiten, Wendenkirchhöfe, Heidengräber (...). Das Beste aber, dem du begegnen wirst, das werden die Menschen sein."

Wer heute durch die Regionen Brandenburgs reist, wird unwillkürlich an Theodor Fontane denken. Mit seinen „Wanderungen durch die Mark Brandenburg" hat er das Land zwischen Elbe und Oder, das man in der Vergangenheit lästerlich als die „Streusandbüchse des Heiligen Römischen Reiches" bezeichnete, literarisch und touristisch erschlossen. Er hat nie bestritten, daß es Gegenden in der Mark gibt, die diesen spöttischen Beinamen rechtfertigen, und es lag ihm fern, sie „mit Gewalt aus einer bescheidenen Magd in eine seither verkannte Königin aufzuputzen". Doch wehrte er sich entschieden gegen Verallgemeinerungen. „Es ist mit der märkischen Natur wie mit manchen Frauen", erklärte er: „‚Auch die häßlichste' – sagt das Sprichwort – ‚hat immer noch sieben Schönheiten.' (...) Man muß sie nur zu finden verstehn." Fontane hatte den Blick für diese Schönheiten. Er sah das Land mit dem Auge des Poeten, und in seiner Liebe für das Detail verstand er es, dem scheinbar Unscheinbaren seine Reize abzugewinnen. Mit den „Wanderungen durch die Mark Brandenburg" hat er sein märki-

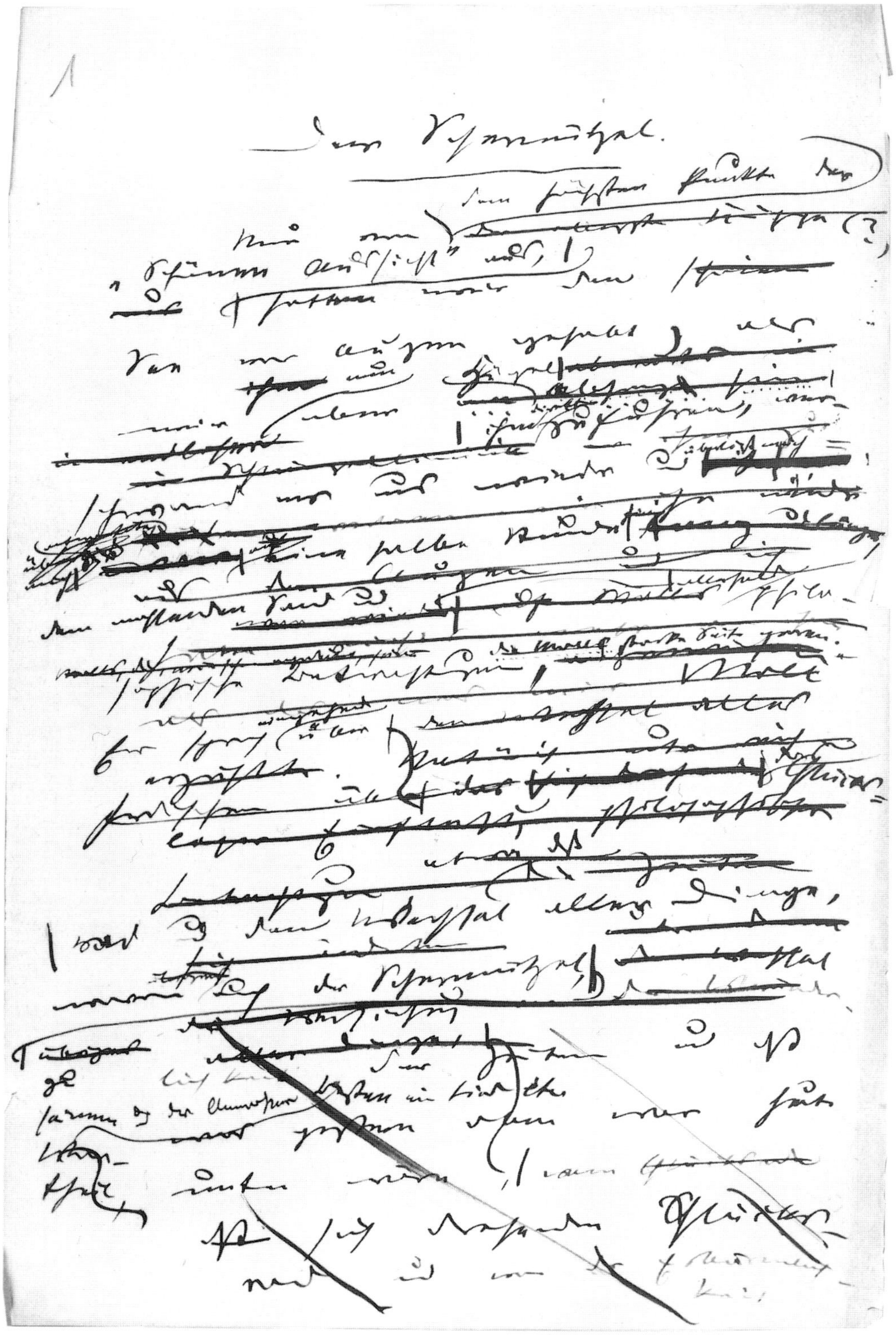

Fontane verwendete immer sehr viel Fleiß und Mühe auf die Überarbeitung seiner Textentwürfe. Was Wunder, daß manche seiner Manuskriptseiten den Anschein eines zurückgelassenen Schlachtfeldes erwecken. Das hier abgebildete Beispiel ist die erste Seite zum Beitrag „Scharmützelsee" aus dem vierten Band der „Wanderungen durch die Mark Brandenburg".

sches Testament geschrieben und darin manches gerettet, das es mittlerweile nicht mehr gibt oder das verändert und durch neue Bauten unkenntlich gemacht worden ist.
Seltsam, man liest sich immer noch an ihnen fest, auch nach weit über hundert Jahren. Selbst Fontane hätte sich das nicht träumen lassen. „Alles was ich geschrieben habe, auch die ‚Wanderungen' mit einbegriffen", äußerte er am 9. November 1889 in einem Brief an seinen Verleger Wilhelm Hertz, „wird sich nicht weit ins nächste Jahrhundert hineinretten." Nur einigen seiner Gedichte traute er eine größere Lebenskraft zu. In dieser Sache erwies er sich als ein schlechter Prophet. Seine Romane sind bis heute vielgelesen, und die „Wanderungen" gehören immer noch mit zu den schönsten Landschaftsschilderungen, die je geschrieben wurden, vergleichbar mit den „Wanderjahren in Italien" des Ferdinand Gregorovius oder den „Reisebildern" Heinrich Heines.
Das große Interesse, das ihnen heute entgegengebracht wird, begann mit einer allgemeinen Fontane-Renaissance, die vor etwa drei Jahrzehnten einsetzte und mittlerweile zu einer gleichbleibenden Aufmerksamkeit dem Werk des Dichters gegenüber geführt hat. Die feinsinnigen Schilderungen, die leichte Art seiner erzählerischen Kunst, dazu die Grazie seiner Sprache üben einen Reiz aus, der modischen Strömungen übergeordnet zu sein scheint.
Schon zu Fontanes Zeit waren die „Wanderungen" eine vielbeachtete Lektüre. Bereits 1862, kurz nach Erscheinen des ersten Bandes, las man sie bei Hofe. In einem Brief an den Verleger Wilhelm Hertz bemerkte der Dichter dazu ironisch, man habe ihm die Nachricht zugespielt, daß die Königinwitwe in Charlottenburg sich allabendlich aus dem Buche vorlesen läßt und wenigstens nicht dabei einschläft. Fontanes Fähigkeit, mit Herz, Geist und Humor die Poesie des Alltäglichen zu erschließen und einen scheinbar spröden Stoff wie geschichtliche Inhalte anschaulich darzustellen, fand beim Publikum, aber auch in der Fachwelt großes Gefallen. „Ein so liebevolles Sichversenken in die Geschichte und Natur der nächsten Heimat", schrieb ein Kritiker 1861, „ein so feiner Natursinn, eine so lebhafte Darstellung müssen ansprechen."

Auch nichtliterarische Motive, touristische Aspekte etwa, die mit den politischen Veränderungen der jüngeren Vergangenheit in den Vordergrund gerückt sind, begründen die neuerliche Beliebtheit. Mit der Wiedervereinigung haben die Westdeutschen den Schauplatz der „Wanderungen" als Reiseland neu entdeckt und den Fontane zu einem wahren Vademecum gemacht. Hingegen erklärt sich die besondere Wertschätzung, die die „Wanderungen" bei den Ostdeutschen genießen, daraus, daß die Mark Brandenburg schon seit langem populäres Erholungsgebiet der ehemaligen DDR war.
Der erste Wanderungsband, der die Grafschaft Ruppin zum Inhalt hat, erschien im November 1861 (mit der Jahreszahl 1862). Zwei Jahre später folgte „Das Oderland", während der Band über das Havelland – in der ersten Auflage noch mit dem Titel „Ost-Havelland" – 1872 (mit der Jahreszahl 1873) auf den Markt kam. Als sich Fontane am 14. November 1881 im vierten, dem Spreeland gewidmeten Band, der auf 1882 vordatiert wurde, mit einem Schlußwort von seinen Lesern vorerst verabschiedete, waren mehr als zwei Jahrzehnte vergangen, seit er die Arbeit an diesem Werk aufgenommen hatte. Berücksichtigt man den langjährigen Arbeitsprozeß in Form zahlreicher Änderungen, Stoffergänzungen und Umgruppierungen der Inhalte für die nachfolgenden Neuauflagen und bezieht auch den Band „Fünf Schlösser" (1888) – eine historische Spezialarbeit, bei der nicht mehr gewandert wird – in das Ganze ein, kann man sagen, daß diese „Reisefeuilletons" das literarische Schaffen Fontanes bis zu seinem Lebensende mitbestimmt haben. Welch wichtige Rolle sie für ihn spielten, geht auch daraus hervor, daß er sich nach Abschluß seines letzten Romans „Der Stechlin" noch kurz vor seinem Tode mit dem Gedanken trug, die „Wanderungen" mit einem Kapitel über das Ländchen Friesack und die Bredows abzurunden – ein Vorhaben, das er schon längere Zeit zuvor geplant, zwischenzeitlich aber wieder aufgegeben hatte.
Die „Wanderungen" seien das einzige gewesen, versicherte Fontane in einem Brief vom 15. Januar 1880 an Mathilde von Rohr, womit er im Leben Erfolg gehabt habe. „Bis zu diesem Zeitpunkt", müßte man dieser Äußerung rückschauend hinzufügen, denn seine große Romanperiode hatte gerade erst begonnen, und eine Effi Briest oder ein Dubslav von Stechlin existierten noch nicht. Erst mit dem erzählerischen Werk, so das Urteil der Literaturkritik, ist Fontanes schriftstellerisches Metier zur hohen Kunst emporgestiegen. Die „Wanderungen" gingen den Romanen voraus und begleiteten sie dann. Sie waren die Brücke, über die der „Berichterstatter" zu seinem wirklichen Künstlertum gefunden hat. Mit diesen Reiseaufsätzen über die Mark Brandenburg verfügte Fontane zudem über ein reiches Stoffreservoir, aus dem er für seine nachfolgenden epischen Werke schöpfen konnte. Denn ein großer Teil der späteren Romanwelt ist in den „Wanderungen" schon enthalten: Die Welt von Luch und Bruch, die märkische Sumpflandschaft, mitsamt den übrigen Requisiten, die für das Gebiet charakteristisch sind. Seen und Wälder, karge, versandete Böden und Torfmoore gehören ebenso dazu wie die Dorfgemütlichkeit mit ihren Pfarrhäusern, Klöstern und adligen Gütern. Auch der Stechlinsee und die Sage vom roten Hahn etwa, die sich später als Leitmotiv im Roman „Stechlin" wiederfinden soll, sind in den „Wanderungen" bereits ausführlich beschrieben.
Die Absicht, ein Buch über „die Marken, ihre Männer und ihre Geschichte" zu verfassen, entstand erstmals während eines dreieinhalbjährigen Aufenthalts in Eng-

Theodor Fontane im Alter von etwa 55 Jahren. Sein Schaffen wird in diesem Lebensabschnitt durch die Arbeiten an den „Wanderungen" sowie an den Bänden über den Deutsch-Französischen Krieg 1870/71 bestimmt.

land. Gefühle von Heimweh und geistiger Vereinsamung, unter denen Fontane in der Fremde litt, waren die treibende Kraft, daß sich der zunächst nur flüchtige Gedanke zu einem innigen Wunsch verstärkte. „Wenn ich noch dazu komme, *das* Buch zu schreiben, so hab' ich nicht umsonst gelebt und kann meine Gebeine ruhig schlafen legen", notierte er am 19. August 1856 in seinem Londoner Tagebuch. Aus dem Wunsch reifte der Entschluß. Entscheidend dafür waren die Eindrücke einer Schottlandreise, die er zwei Jahre später vom 9. bis zum 24. August mit seinem Freund Bernhard von Lepel unternahm. Diese Reise – sie ist in „Jenseit des Tweed" ausführlich geschildert – war, wie Fontane drei Jahrzehnte später feststellte, eine der schönsten und poetischsten seines Lebens. Sie schenkte ihm die Erfüllung eines Jugendtraums. Das für seinen weiteren Werdegang bedeutendste Erlebnis war dabei der Besuch eines alten Douglas-Schlosses auf einer kleinen Insel mitten im Leven-See. Bei der Rückfahrt mit dem Ruderboot tauchte aus der Tiefe seiner Erinnerung das Bild des Rheinsberger Schlosses auf, und Fontane stellte sich die Frage: „So schön dies Bild war, das der Leven-See mit seiner Insel und seinem Douglas-Schloß vor dir entrollte, war jener Tag minder schön, als du im Flachboot über den Rheinsberger See fuhrst, die Schöpfungen und die Erinnerungen einer großen Zeit um dich her?" Die Antwort war „nein", und es stand nun für ihn fest, die Mark Brandenburg und ihre Schlösser und Seen beschreiben zu wollen.

In seine Heimat zurückgekehrt, unternahm Fontane knapp ein Jahr später die erste märkische Reise. Wiederum begleitete ihn dabei sein Freund Lepel. Die Tour führte ins Ruppiner Land, wo er in seinen Luch- und Bruchdörfern umherzuwandern begann, den Rhin und die Dosse hinauf und hinunter. Die Fahrt war der Anfang intensiver Reisetätigkeit, die ihn im Laufe der nächsten zwanzig Jahre in sämtliche Gegenden rund um Berlin führte. „Ich bin die Mark durchzogen und habe sie reicher gefunden, als ich zu hoffen gewagt hatte. Jeder Fußbreit Erde belebte sich und gab Gestalten heraus", so waren Fontanes erste Eindrücke.

Zunächst reiste er wie ein Tourist, ohne jeglichen wissenschaftlichen Anspruch und ohne ein klar umrissenes Konzept für das Gesamtwerk zu haben. Wie beim Dominospiel, bei dem man halb durch Absicht, halb durch Zufall Stein an Stein fügt, ohne zu wissen, welche Gestalt im Ganzen herauskommen wird, baute er Stück für Stück sein „Wanderungs-Werk" zusammen. Er sah sich als sorgloser Sammler, „nicht wie einer, der mit der Sichel zur Ernte geht, sondern wie ein Spaziergänger, der einzelne Ähren aus dem reichen Felde zieht". Diese Wanderungen sollten weder als Geschichtsbuch noch als der „Baedeker von Mark Brandenburg" verstanden werden, vielmehr waren sie für den „einsamen Genuß hinterm Ofen" geschrieben. Entsprechend gestaltete sich Fontanes Arbeitsweise: „Ja, vorfahren vor dem Krug und über die Kirchhofsmauer klettern, ein Storchennest bewundern oder einen Hagebuttenstrauch, einen Grabstein lesen oder sich einen Spinnstubengrusel erzählen lassen (...)."

Nach jedem „Spaziergang" begann er sogleich mit der Ausbeute seines Materials und veröffentlichte den größten Teil der Kapitel vorab als einzelne Reisefeuilletons in verschiedenen Zeitungen und Zeitschriften.

Das, was anfänglich eine Erholung zu sein schien, entpuppte sich schließlich als riesige Arbeit. „Schlösser, Kirchen, Kirchhöfe, Inschriften, Grabschriften, Bilder, Statuen, Parks, Grafen, Kutscher, Haushälterinnen (...) – alles das und hundert andres tanzt mir hurly burly im Kopf herum." Mit den Besichtigungen und Recherchen vor Ort ging die Beschaffung und Auswertung einer Fülle von Quellenmaterial einher: Akten und Urkunden mußten gesichtet werden, ebenso Memoiren, Briefe und Chroniken. Je weiter Fontane auf unbekanntes Terrain vordrang und vom Leser keine historischen Vorkenntnisse erwarten durfte, desto mehr wich er von seinem eigenen Stilgesetz ab: Der anfänglich lockere Plauderton machte einer sachlichen, gleichsam wissenschaftlichen Vortragsweise Platz. Dies betraf vor allem den zweiten Band, der das Oderland behandelte. Fontane erkannte bald die Gefahr dieses Vorgehens und fand in „Havelland" und „Spreewald" wieder zu seinem früheren Stil zurück. Desungeachtet sind auch die beiden letzten Bände noch zur Genüge mit historischen Darstellungen angereichert.

Mit der Zeit entstand so ein buntes Mosaik aus Landschaftsbildern, Sitten- und Charakterschilderungen, gefüllt mit Genreszenen, mit Schnurren und Anekdoten. Auf der Suche nach bislang noch Unentdecktem blätterte Fontane in Kirchenbüchern und stieg in Grüfte hinab, er ließ sich Särge öffnen und inspizierte mumifizierte Leichen. Mit akribischem Eifer folgte er der feinsten Spur, sobald er ein verborgenes delikates Detail witterte. Wo immer er den verwehten Klängen der Vergangenheit nachging, fand er bald eine Geschichte und dazu eine Vorgeschichte. Er durchstöberte die alten Schlösser der Zietens, Schwerins und Winterfeldts, der Köckeritz' und Itzenplitz' und besuchte die kleinen märkischen Städte, in denen sich menschliche Schicksale erfüllt hatten. Er sprach mit Pastoren und Küstern, Krügern, Kutschern und Fährleuten, und alle kamen sie zu Wort. Das Berichtenswerte sah er nicht nur da, „wo Glockenklang und Kanonendonner ein Leben begleiteten"; liebevoll ging er auch manch aparter Erscheinung nach, die in keinem Geschichtsbuch stand. Besonders hilfreich für seine Arbeit erwiesen sich die Landpastoren, die alten Adelsfamilien sowie die Lehrer in Dorf und Stadt.

Eine besondere Sympathie aber empfand Fontane für jene, die als Bindeglied zwischen Land, Geschichte und Tradition wirkten: die alten märkischen Familien.

Bernhard von Lepel (1818–1885), ein langjähriger Freund Theodor Fontanes. Er war Berufsoffizier und hatte Ambitionen fürs Zeichnen und Dichten. Ein Dokument ihrer engen Beziehung ist der Briefwechsel, den beide pflegten.

Es gibt kaum ein Kapitel in den „Wanderungen“, das nicht den Namen eines Adelsgeschlechts in Erinnerung bringt. Alles Große hatte von Jugend an einen Zauber auf Fontane ausgeübt. „Es verlohnt sich doch eigentlich nur noch, ‚von Familie‘ zu sein“, schrieb er am 28. Mai 1860 an seine Mutter. „Zehn Generationen von 500 Schultzes und Lehmanns sind noch lange nicht so interessant wie drei Generationen eines einzigen Marwitz-Zweiges. Wer den Adel abschaffen wollte, schaffte den letzten Rest von Poesie aus der Welt.“

Sein Interesse an manchem alten Junker, obwohl weniger politischer als ästhetischer und poetischer Natur, hat ihm oftmals harsche Kritik beschert. Man unterstellte ihm eine „servile Verbeugung“ vor dem Adel und verdächtigte ihn als Sprachrohr der „Kreuzzeitung“, jenes reaktionären Organs der preußischen Junkerpartei, für das er zeitweise gearbeitet hatte. „Ich habe überall liebevoll geschildert, aber nirgends glorifiziert, nicht einmal meinen Liebling Marwitz“, rechtfertigte sich Fontane in einem Brief vom 12. August 1882 an seine Frau und fügte hinzu: „Ich habe sagen wollen und habe wirklich gesagt: ‚Kinder, *so* schlimm, wie *ihr* es macht, ist es nicht‘, und dazu war ich berechtigt; aber es ist Torheit, aus diesen Büchern herauslesen zu wollen, ich hätte eine Schwärmerei für Mark und Märker. *So* dumm war ich nicht.“

Fontanes Beziehung zum märkischen Adel glich einer unglücklichen Liebe, von der er sich mit zunehmendem Alter mehr und mehr befreite. Am Ende seiner „Wanderungs“-Arbeit angelangt, gestand Fontane in einem Brief an seinen Verleger, wie sehr seine Gefühle gegenüber dem märkischen Junkertum gemischt waren: „Die Kerle sind unausstehlich und reizend zugleich.“ Zum Schluß gelangte er gar zu der Einsicht, daß vom Adel nichts mehr zu erwarten sei, daß die Zukunft anderen Kräften gehörte.

Aufgrund der Materialfülle, die er im Verlauf der Arbeit an den „Wanderungen“ aufgehäuft hatte, stellte Fontane vorübergehend ein 20bändiges Werk in Aussicht. Daß er sich dennoch mit dem vierten Band in seiner Wandertätigkeit vom Leser verabschiedete – es mögen vorwiegend verlegerische Gründe dafür gesprochen haben –, schadet dem Werk keineswegs. „Und ein Band zuviel“, erklärte der Dichter, „ist wie ein Tag zuviel, der den guten Besuchseindruck wieder in Frage stellt.“

Doch auch in der vorliegenden Form mußte sich Fontane den Vorwurf der Weitschweifigkeit gefallen lassen. Die Neigung, sich „mit den sogenannten Hauptsachen immer schnell abzufinden, um bei den Nebensachen liebevoll, vielleicht zu liebevoll, verweilen zu können“, war ihm wohl bewußt. Mag sein, daß darin die Ursache liegt, daß manche Kapitel den Eindruck „einer lokalgeschichtlichen Rumpelkammer“ erwecken, wie der Literaturwissenschaftler Herbert Roch schreibt. „Doch manchmal schon auf der nächsten Seite“, so fährt er fort, „gehen alle Fenster und Türen auf.“ Dann weht wieder ein zarter Hauch von Poesie herein, ein blühender Fliederstrauch verströmt seinen Duft, von irgendwoher leuchtet der Spiegelkristall eines Sees, oder eine Nachtigall betört mit ihrem Gesang. Man lauscht dem Geplauder eines Kutschers, Kätners oder Fischers, und der Zauber des Natürlichen und Lebendigen ist wieder gegenwärtig.

Fontane rechtfertigte seine Weitschweifigkeit mit literarischen Vorzügen, die er darin sah. In einem Brief vom 8. August 1883 an seine Frau schrieb er: „Ich behandle das Kleine mit derselben Liebe wie das Große, weil ich den Unterschied zwischen klein und groß nicht recht gelten lasse; treff ich aber wirklich mal auf Großes, so bin ich ganz kurz. Das Große spricht für sich selbst; es bedarf keiner künstlerischen Behandlung um zu wirken. (...) Herwegh schließt eins seiner Sonette (‚An die Dichter‘) mit der Wendung: ‚Und wenn einmal ein *Löwe* vor Euch steht, sollt Ihr nicht das *Insekt* auf ihm besingen.‘ Gut. Ich bin danach Lausedichter, zum Teil sogar aus Passion; aber doch auch wegen Abwesenheit des Löwen.“

Dieses feine Gespür für den Zauber der kleinen Dinge bestimmte Fontanes Erleben seiner märkischen Heimat. Er schilderte sie so, wie sie war, ohne Schönfärberei und ohne pathetisches Gefühl. Nirgends braust es von ungewöhnlichen Adjektiven, doch immer strahlt die „milde Wärme herzlicher Anteilnahme, die gütige Menschlichkeit, mit der er Dinge und Menschen umfaßt und die selbst durch harten Tadel und strenge Kritik hindurchleuchtet“, wie die Literaturhistorikerin Jutta Fürstenau in ihrer Fontane-Monographie schrieb.

Fontane war nicht der Entdecker der märkischen Landschaft – die künstlerische Auseinandersetzung mit dieser Gegend war zu seiner Zeit nicht neu, und Veröffentlichungen von Reiseskizzen mit märkischen Zielen erfreuten sich bereits allgemeiner Beliebtheit. Besonders Willibald Alexis (1798–1871), ein zeitgenössischer märkischer Schriftsteller, in dem Fontane, was die Liebe zur Mark anging, eine verwandte Seele fand, hatte mit gefühlvollen Schilderungen seiner Heimat für Aufmerksamkeit gesorgt. Fontane ist also „keine vereinzelte Erscheinung, die kometenhaft am Himmel märkischer Dichter auftaucht“, wie es bei Jutta Fürstenau heißt, aber von allen ist er „die reifste und schönste Frucht eines Baumes, der schon manche trug und auch weiterhin noch manche Ernte gesehen hat“.

Während einer Schottlandreise im Sommer 1858 besuchte Fontane ein altes, im Leven-See gelegenes Douglas-Schloß (rechts, Zeichnung von Lepel). Der Anblick erinnerte ihn an das Rheinsberger Schloß (links, nach einem Stich von Th. Hennicke), und an Ort und Stelle stand sein Vorhaben fest, die Mark Brandenburg mit ihren Schlössern und Seen beschreiben zu wollen.

Blick über den Grienericksee auf das Rheinsberger Schloß: An dieses Bildmotiv wurde Fontane während einer Schottland-Reise im August 1858 angesichts eines sich im Loch Leven erhebenden alten Douglas-Schlosses erinnert. Bei jenem Anblick fragte er sich: „So schön dies Bild war, das der Leven-See mit seiner Insel und seinem Douglas-Schloß vor dir entrollte, war jener Tag minder schön, als du im Flachboot über den Rheinsberger See fuhrst, die Schöpfungen und die Erinnerungen einer großen Zeit um dich her?“ Die Antwort war „nein“, und sein zuvor im Londoner Tagebuch geäußerter Gedanke, ein Buch über „die Marken, ihre Männer und ihre Geschichte“ zu schreiben, wurde fester Entschluß.

Es war ein heißer Tag, und der blaue Himmel begann bereits kleine grauweiße Wölkchen zu zeigen, die nur verschwanden, um an anderer Stelle wiederzukehren." So schrieb Fontane nach einem Ausflug in das Wustrauer Luch. Die schlichte Natur dieses einst feucht-sumpfigen, mittlerweile aber trockengelegten Gebiets gehörte mit ihren „großen, einfachen Linien" zu jenen märkischen Landschaftsformen, für die der Dichter eine besondere Vorliebe hatte.

Im nordöstlichen Winkel des Ruppiner Lands liegt der Menzer Forst, ein ausgedehntes Waldgebiet, das bis an den Großen Stechlinsee reicht. „Ein Feuerschein lag bei Nacht und eine Rauchsäule bei Tag über dem Walde", so berichtete Fontane aus vergangener Zeit, als sich hier Glashütten angesiedelt hatten, die aus dem Holzreichtum einen wirtschaftlich allerdings nur spärlichen Nutzen zogen. Heute sind weite Areale dieses prächtigen Walds unter Naturschutz gestellt.

Schon bald nach seiner Rückkehr aus England begann Fontane mit der Arbeit an den „Wanderungen". „Und so fuhr ich denn in meine spezielle Heimat, ins Ruppinische, hinein und begann in seinen Luch- und Bruchdörfern umherzuwandern (…). Ja, vorfahren vor dem Krug und über die Kirchhofsmauer klettern, ein Storchennest bewundern oder einen Hagebuttenstrauch, einen Grabstein lesen oder sich einen Spinnstubengrusel erzählen lassen – so war die Sache geplant, und so wurde sie begonnen." Auch die Storchennester von Linum dürfte Fontane gesehen haben.

In einem entlegenen Winkel des Ruppiner Landes liegt Fontanes „Zaubersee", der Große Stechlin. „Wie still er daliegt (...)" – kaum ein anderes Gewässer der Mark Brandenburg vermag die verträumte Mystik von Wald und See so wirkungsvoll zu veranschaulichen.

Eine Adresse der Weltliteratur: In dem Gebäude der seit 1698 privilegierten Löwen-Apotheke von Neuruppin wurde am 30. Dezember 1819 Theodor Fontane als Sohn eines Apothekers geboren.

„Es soll alles so romantisch sein und so melancholisch, Sand und Sumpf und im Wasser ein paar Binsen oder eine Birke, dran das Laub zittert. Ist Ihre Ruppiner Gegend auch so?' ‚Nein, Komtesse, wir haben viel Wald und See (...).'"

Der kurze Dialogausschnitt aus dem Roman „Der Stechlin" macht deutlich, wie wenig zutreffend die gängige Vorstellung von märkischer Landschaft als einer mit Reizen nur spärlich gesegneten Region ist. Charakteristisch für die Landesnatur der ehemaligen, bereits im Jahr 1524 an die Mark Brandenburg gefallenen Grafschaft Ruppin ist ihr Wasserreichtum. Natürlich findet man auch hier die typische, elegisch anmutende Luch- und Bruchlandschaft, über deren grünen Öden eine Stimmung liegt, die Fontane als „märkisch romantisch" bezeichnen würde. Sie bestimmt aber nur den südlichen Teil des Gebiets. Weiter nach Norden zu, wo die „Ruppiner Schweiz" beginnt, ändert sich das landschaftliche Ambiente: Dort bilden Flüsse und Seen, die perlschnurartig zu einer langen Kette zusammengeschlossen sind, im Wechsel von Mischwäldern, Tälern, Wiesen und Fluren einen angenehmen Gegensatz.

„Die Schweize werden immer kleiner", spöttelte Fontane, „und so gibt es nicht bloß mehr eine Märkische, sondern bereits auch eine Ruppiner Schweiz." Die Gepflogenheit, besonders reizvolle Gegenden als „Schweize" zu bezeichnen, ungeachtet der Tatsache, daß die Miniaturausgabe mitunter nur in dürftiger Beziehung zum helvetischen Vorbild stand, war Anfang des 19. Jahrhunderts im Zuge der Nachwehen romantischer Schwärmereien in Mode gekommen. Das hatte derartige Blüten getrieben, daß Fontane schon den Tag kommen sah, „wo wir in unserer Mark, also in dem vielleicht unschweizerischsten Lande der Welt, wenigstens ebenso viele Schweize besitzen werden, wie das alte, etwas mißbräuchlich behandelte Original Kantone umschließt." Im Falle der Ruppiner Schweiz war er aber gerne bereit einzugestehen, daß es ihr bei einem „freundlich-aufmerksamen Auge (...) weder an Schönheit noch an unterscheidenden Zügen" fehle.

Es ist kein Zufall, daß Fontane seine Wanderungen durch die Mark Brandenburg im Ruppiner Land begonnen hatte, denn dieser Landesteil im nördlichen Brandenburg zwischen den Flüssen Dosse und Obere Havel, zwischen dem Rhinluch und den Mecklenburgischen Seen war seine ursprüngliche Heimat gewesen. In Neuruppin, dem ehemaligen Hauptort der alten Graf- beziehungsweise Herrschaft, wurde er geboren und verbrachte dort die ersten sechs Jahre seines Lebens, bis er mit seinen Eltern nach Swinemünde übersiedelte. Später kehrte er zum Besuch des Gymnasiums noch einmal für anderthalb Jahre nach Neuruppin zurück.

„Ruppin hat eine schöne Lage – See, Gärten und der sogenannte ‚Wall' schließen es ein. Nach dem großen Feuer, das nur zwei Stückchen am Ost- und Westrande übrigließ (...), wurde die Stadt in einer Art Residenzstil wieder aufgebaut. Lange, breite Straßen durchschneiden sie, nur unterbrochen durch stattliche Plätze." Das Aussehen Neuruppins, wie Fontane es beschrieben hat, ist im Kern bis heute erhalten geblieben. Nach dem großen Brand von 1787, bei dem zwei Drittel der mittelalterlichen Bausubstanz zerstört wurden, entstand nach den Plänen von Bernhard Matthias Brasch eine frühklassizistische Stadtanlage mit großzügiger Raumgliederung, rechtwinklig aufeinander zulaufenden Straßen und drei großen Plätzen, von denen einer dem Militär als Exerzierplatz diente.

Es gibt eine kleine Uferpromenade, ganz unprätentiös, aber durch die doppeltürmige Klosterkirche, die sich dahinter erhebt, optisch aufgewertet. Diese Kirche – sie hatte, wie die umliegenden Häuser, den Brand von 1787 überlebt – ist ein im gotischen Stil errichteter Backsteinbau aus dem 13. Jahrhundert und gehörte zur Niederlassung der hiesigen Dominikaner.

Von allen Bauwerken im Zentrum der Stadt fällt das alte Gymnasium wegen seiner repräsentativen Dimensionen besonders ins Auge. Es ist ein zweigeschossiger Putzbau mit 25 Achsen und vertritt in seiner Architektur einen Geist zwischen Huma-

Das ehemalige Gymnasium von Neuruppin (heute Stadt- und Kreisbibliothek). „Es wurde nach dem Brande von 1787 auf einem Platzviereck errichtet, auf dem wenigsten drei Kölner Dome hätten stehen können“, schrieb Fontane, der als Knabe hier für anderthalb Jahre die Schulbank gedrückt hatte.

nismus und Aufklärung. Durch das Portal, über dem die lateinische Inschrift „Civibus aevi futuri“ (Den Bürgern des künftigen Zeitalters) neu vergoldet leuchtet, sind in der Vergangenheit unzählige Schülergenerationen geschritten. Auch Fontane war für kurze Zeit hier unter den Pennälern, doch seine Erinnerungen an diese Zeit gehörten nicht zu den angenehmsten. Denn in diesem Hause herrschte damals ein autoritärer Schuldirektor namens Friedrich Thormeyer, ein „Schulmonarch, wie er im Buche steht (...), eine Kolossalfigur mit Löwenkopf und Löwenstimme“, der das Fürchten ebenso gut zu lehren verstand wie lateinische Vokabeln.

Nicht weit vom alten Gymnasium entfernt steht Fontanes Geburtshaus, in dem sich heute noch die historische Löwen-Apotheke befindet. Das zweistöckige Gebäude, dessen Fassade mit einem Laubfries unter der Traufkante geschmückt ist, erhielt 1867 im Rahmen baulicher Veränderungen sein jetziges Aussehen. Die heutige Apotheke ist modern eingerichtet, einige Teile des alten Inventariums, wie ein Apothekenschrank mit pharmazeutischen Gefäßen, haben im Fontane-Raum des Heimatmuseums Platz gefunden. Dort ist auch die große Standuhr aus Fontanes Arbeitszimmer zu besichtigen, die neben Bildern, Dokumenten und zeitgenössischen Möbeln zu den wichtigsten Erinnerungsstücken an den Dichter gehört.

Obwohl Fontane in Swinemünde die glücklichere Zeit seiner Kindheit erlebte, verdankte er dem Ruppiner Schauplatz die für sein späteres dichterisches Schaffen nachhaltigeren Eindrücke. Die Stadt ebenso wie ihr Umland sind eng verknüpft mit preußischen Traditionen, die in Fontanes Werk einen breiten Motivbereich bilden: Knapp eine halbe Stunde Autofahrt südlich von Neuruppin, bereits zum Havelland gehörend, liegt Fehrbellin, ein Ort, der nach Säbelrasseln und Trompetengeschmetter klingt. In seiner Nähe, bei Hakenberg, fand die Schlacht statt, in der 1675 das schwedische Invasionsheer durch die Truppen des Großen Kurfürsten Friedrich Wilhelm (geb. 1620, Regierungszeit 1640–1688) geschlagen wurde. Eine Siegessäule aus Backstein erinnert heute an dieses für den preußischen Staat so wichtige Ereignis. Wegen der hübschen Aussicht lohnt es sich, die 114 Stufen des Turms emporzusteigen. Beim friedlichen

Blick über das einstige Schlachtfeld und die von Alleen und Waldparzellen gegliederte Luch-Landschaft mögen dem, der Fontanes „Havelland"-Gedicht kennt, die Zeilen in den Ohren klingen: „Derfflinger greift an, die Schweden fliehn, Grüß Gott die Tage von Fehrbellin."

Auch in Neuruppin sind Erinnerungen an preußische Geschichte lebendig. Kronprinz Friedrich, der Enkel des Großen Kurfürsten und spätere Friedrich II. (geb. 1712, Regierungszeit 1740–1786), hatte 1732 seinen Wohnsitz in diese Stadt verlegt, wo das eigens für ihn zusammengestellte „Regiment Kronprinz" seinem Kommando unterstellt war. Neben den dienstlichen Pflichten widmete er sich aber auch Aufgaben, die die Verschönerung des Stadtbilds zum Ziel hatten. So verdankt ihm Neuruppin die Erhaltung der mittelalterlichen Wallanlagen vor der alten Stadtmauer mit dem hübschen Promenadenweg. Auch der Amalthea- oder Tempelgarten, der damals von Georg Wenzeslaus von Knobelsdorff (1699–1753) angelegt wurde, erinnert heute an die Kronprinzenzeit. Friedrich blieb vier Jahre in Neuruppin. Dann siedelte er in das Schloß von Rheinsberg über, wo die „glänzenden und vielgefeierten Rheinsberger Tage" begannen.

Die Ahnentafel preußischer Helden nennt Namen, deren Träger schon zu Lebzeiten von der Aura des Legendären umhüllt waren. Zu ihnen gehörte Hans Joachim von Zieten (1699–1786), der in Wustrau, einem alten Rittergut am Südende des Ruppiner Sees, seinen Familiensitz hatte. Als Reitergeneral Friedrichs II. focht er sich an der Seite seines Königs durch die Schlesischen Kriege. „Sie kamen nie alleine, / Der Zieten und der Fritz, / Der Donner war der eine, / Der andre war der Blitz", heißt es in einer Ballade, die Fontane 1846 im Rahmen des Liederzyklus „Männer und Helden" schrieb. Der „Ahnherr aller Husaren", wie man Zieten nannte, war Fontane seit seiner Kindheit vertraut. In der väterlichen Wohnung hing ein Kupferstich, der den General zusammen mit Friedrich dem Großen zeigte: „Wie oft habe ich vor diesem Bilde gestanden und dem alten Zieten unter seiner Husarenmütze ins Auge gesehen, vielleicht meinen Lieblingshelden in ihm vorausahnend."

Bei einer solchen Präsenz preußischer Überlieferungen erstaunt es kaum, daß Fontanes Wanderungsband über das Ruppiner Land ein recht preußisch gefärbtes Buch wurde, zumindest im ersten Anlauf.

Das Heimatmuseum in Neuruppin verwahrt in seiner Sammlung zahlreiche Ausstellungsstücke, die mit Fontane in Verbindung stehen. Aus dem Nachlaß des Dichters existieren noch ein alter Apothekenschrank mit Gefäßen sowie die Standuhr aus Fontanes Arbeitszimmer.

Doch schon in den nachfolgenden Auflagen korrigierte Fontane die Gewichtung des Stoffs zugunsten anderer Persönlichkeiten, die dem bürgerlichen und künstlerischen Leben Neuruppins angehörten.
Zu ihnen gehörte Karl Friedrich Schinkel (1781–1841), der zu Fontanes Zeit jedoch weniger populär war als der Husarengeneral Zieten. Der berühmte Baumeister des deutschen Klassizismus war 38 Jahre vor Fontane in Neuruppin geboren und im Predigerwitwenhaus – es steht in der Fischbänkenstraße und trägt eine Gedenktafel – aufgewachsen. Fontane hielt ihn für den bedeutendsten Mann, den Ruppin, Stadt wie Grafschaft, hervorgebracht hat, noch bedeutender als den „alten Zieten". Legt man den Einfluß, den ein Mensch mit seinem Leben für die Gesamtheit gewonnen hat, und nicht dessen Popularität als Maßstab für eine Beurteilung zugrunde, so begründete Fontane sein Urteil, „kann der ‚Vater unsrer Husaren' neben dem ‚Schöpfer unsrer Baukunst' nicht bestehn. Wäre Zieten nie geboren worden, so besäßen wir (...) eine volkstümliche Figur weniger, wäre Schinkel nie geboren, so gebräch es unsrer immerhin eigenartigen künstlerischen Entwicklung an ihrem wesentlichsten Moment."
Beide großen Söhne Neuruppins, Fontane und Schinkel, haben an markanten Plätzen der Stadt ein Denkmal bekommen. Der Entscheidung für diese Würdigung waren allerdings gewisse Unstimmigkeiten vorausgegangen. Im Falle Schinkels wurde erst 25 Jahre nach seinem Tode erstmals Anlauf genommen, ihm mit einer Statue Ehre zu erweisen. Dabei scheint man sich uneins darüber gewesen zu sein, wo das Monument zu stehen habe. In einem Brief vom 7. Januar 1866 an seine Mutter schrieb Fontane, „daß das Aufstellen einer Schinkelstatue unter allen Umständen sein sehr mißliches hat. Vor dem Gymnasium paßt nicht; erstens hat er auf dem Ruppiner Gymnasium nichts gelernt (...), drittens sind so ziemlich alle Schinkelstatuen an und für sich unschön". Der Plan zerschlug sich damals, erst 1883 wurde ein vom Bildhauer Max Wiese geschaffenes Bronzestandbild Schinkels am Kirchplatz enthüllt.
Auch mit der Entscheidung für das Fontane-Denkmal hatten sich die Honoratioren der Stadt zunächst schwergetan, doch letztendlich wurde dem Dichter die Ehrung doch schon neun Jahre nach seinem Tode zuteil. 1907 fand die feierliche Einweihung des Denkmals statt, das ebenfalls nach Entwürfen von Max Wiese geschaffen worden war. Es steht am südlichen Stadteingang in einem kleinen Park, beschattet von kräftigen Kastanienbäumen, und zeigt den großen „Wanderer" auf einer Marmorbank mit Notizblock und Schreibstift, mit Hut und Wanderstock.
Es gab in Neuruppin noch einige andere Berühmtheiten und manch aparte Erscheinung, deren Andenken weder in Marmor gemeißelt noch in Bronze gegossen wurde, denen Fontane aber in seinen „Wanderungen" ein viel schöneres, weil literarisches Denkmal gesetzt hat. Da ist zum Beispiel der antidogmatische lutherische Theologe Andreas Fromm (geb. um 1615, gest. 1685), ein gelehrter Mann, der an den theologischen Streitigkeiten der Paul-Gerhardt-Zeit beteiligt war. Er hatte sich für eine Versöhnung der lutherischen und calvinistischen Lehre eingesetzt, und als ihm diese nicht gelang, konvertierte er zum katholischen Glauben. Das Lebensbild, das Fontane von ihm gezeichnet hat, liest sich wie ein Selbstbekenntnis: „Es gebrach ihm an dogmatischer Strenge (...), aber er hatte die schönsten Seiten des Christentums: die Liebe und die Freiheit."
Bewunderung spricht auch aus der Schilderung des Johann Christian Gentz (1794–1867). Der Sohn eines kleinen Tuchmachers hatte es mit dem Abbau von Torf zu einem bedeutenden kaufmännischen Unternehmen gebracht. Sein älterer Sohn Wilhelm (1822–1890), mit dem Fontane befreundet war, wurde ein vielbeachteter Orientmaler. Einige seiner Werke schmücken heute das Vestibül des Landratsamts. Die Bilder wurden hier 1925 in die Wände eingelassen, nachdem sie zuvor bei Abbruch des Gebäudes aus dem Gentzschen Hause in der Friedrich-Wilhelm-Straße (heute Karl-Marx-Straße) entfernt worden waren.
Ein Neuruppiner Bürger von ganz anderem Schlag, jedoch charakteristisch für die preußische Kleinstadt, wird mit der Person des Michel Protzen vorgeführt. Er war Gastwirt und verkörperte einen Typ, der Fontane reichlich Stoff und Gelegenheit bot, sich wenig Schmeichelhaftes über das märkische Bürgertum von der Seele zu reden und kritische Betrachtungen über das gesellschaftliche Umfeld seiner Heimatstadt mit einfließen zu lassen. „Michel hieß er und Michel war er, der *deutsche Michel* in optima forma" [in reinster Ausprägung], so charakterisierte er seinen „Helden". Fontanes Schwester Elise hatte zuvor Bedenken geäußert, diesen Stoff zu behandeln, worauf er ihr entgegnete: „Du meinst, er wäre, so dick er war, doch nur ein magrer Stoff. Kann sein. Ich lasse mich dadurch nicht abschrecken. Oft sind die besten Kapitel aus magrem Stoff hervorgegangen. Zudem brauche ich Abwechslung, und die bietet er mir." Fontane irrte sich nicht, „Michel Protzen" wurde eines seiner besten Kapitel. Das Gebäude von Protzens Gaststätte besteht auch heute noch. Es findet sich an der Ecke Karl-Marx-Straße/Friedrich-Ebert-Straße und wird als Seniorenheim geführt.
Zur Zeit von Fontanes Kindheit blühte in Neuruppin eine Kuriosität, und zwar in buntesten Farben: Es waren die „Ruppiner Bilderbogen", die der Drucker und Verleger Gustav Kühn herausgab. Diese kolorierten Einblattdrucke waren die Vorläufer der modernen Illustrierten. Mit dem Impressumsvermerk „Bei Gustav Kühn in Neuruppin" flatterten sie um die ganze Welt und berichteten in Wort und Bild über die aktuellen Ereignisse. „Lange bevor die erste ‚Illustrierte Zeitung' in die Welt ging, illustrierte der Kühnsche Bil-

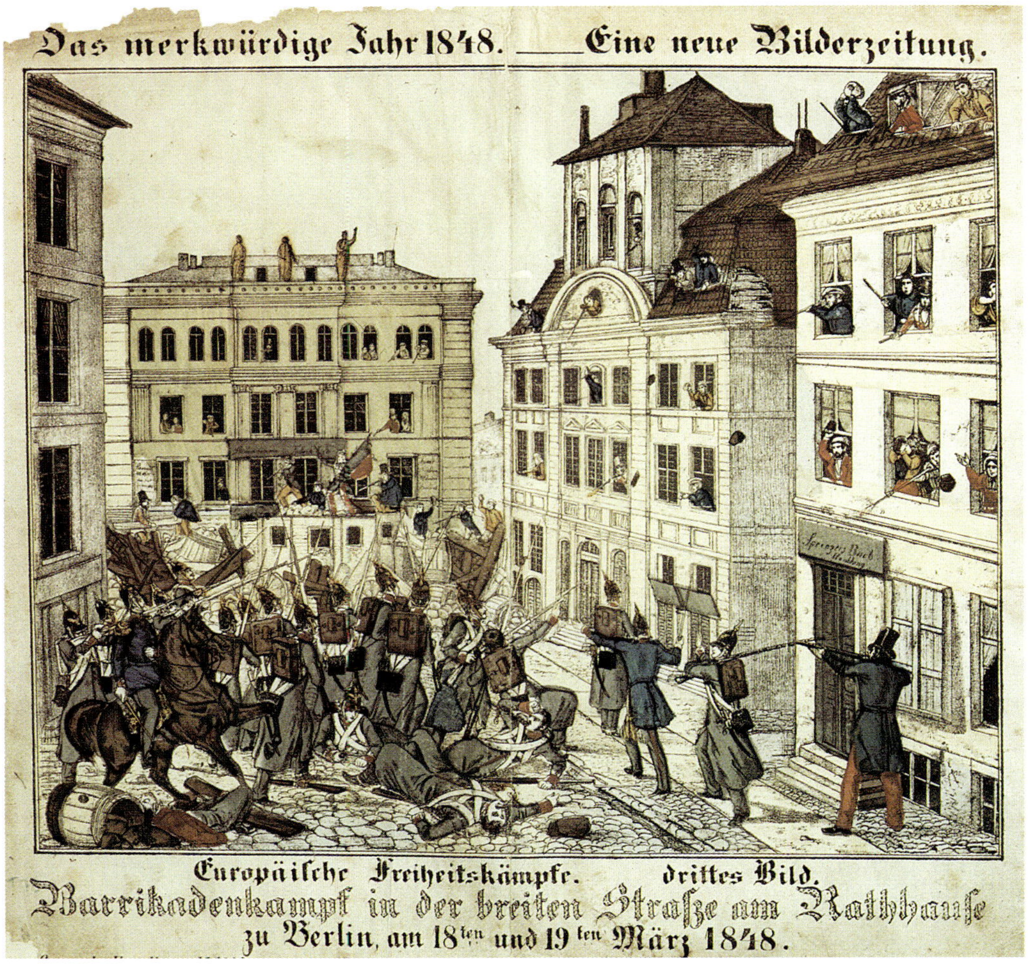

Barrikadenkampf während der März-Revolution 1848 in Berlin, illustriert auf einem „Neuruppiner Bilderbogen". Die kolorierten Blätter aus der Werkstatt von Gustav Kühn waren die Vorläufer der großen Illustrierten.

derbogen die Tagesgeschichte, und was die Hauptsache war, diese Illustration hinkte nicht langsam nach, sondern folgte den Ereignissen auf dem Fuße", schrieb Fontane später respektvoll. Der Brand des Kaiserpalastes in Peking, die Schlacht bei Puebla in Mexico, die Erstürmung von Delhi – ganz gleich, was immer in der weiten Welt geschah, Kühns Bilderbogen ließen diese Ereignisse in der kleinen Welt zu Hause miterleben. Künstlerisch anspruchslos, aber den Geschmack des großen Publikums treffend, verstanden sie Schaulust und Informationsbedürfnis zu befriedigen. Als Knabe war auch Fontane von diesen Blättern, die man als eine Art Vorläufer der heutigen Comicstrips bezeichnen möchte, fasziniert und hat darin Nahrung für seine Phantasie gefunden. Stellten die Bilderbogen anfänglich noch Volkskunst im besten Sinne dar, fiel ihr Niveau zwischen 1860 und 1890 deutlich ab, und Fontane sprach davon, daß sie „den Geschmack mehr verwildern als bilden". In mehr als 100 Jahren wurden etwa 22 000 verschiedene Bilderbogenmotive mit einer Gesamtauflage von mehreren Millionen gedruckt. Eine beachtliche Sammlung von Bilderbogen der Firma Kühn und ihrer Nachfolger besitzt heute das Neuruppiner Heimatmuseum.

Wie ein reich bebilderter Bogen mit rascher Szenenfolge mutet auch das landschaftliche Umfeld Neuruppins an. Zu Recht verdient die Stadt die Bezeichnung „Tor zur Ruppiner Schweiz". Nach Norden zu schließen sich dem Ruppiner See weitere Wasserbecken an. Vom Rhin durchflossen, bilden sie eine Wasserstraße, die bis nach Rheinsberg und zu dessen Seenplatte reicht.

Besonders reizvoll ist die Tour nach Rheinsberg, die auf Waldwegen entlang der Ufer des Molchow-, Tietzen- und Zermützelsees mitten durch das Herz der Ruppiner Schweiz führt. Auch Fontane ist an diesen Gewässern mit ihren lauschigen Uferplätzchen gewandert. An Alexander Gentz, den jüngeren Bruder des Malers Wilhelm Gentz, der ihn bei dieser Unternehmung begleitet hatte, schrieb er später, wie „unvergeßlich schön" diese Fahrt gewesen sei und daß sich an diese Tage die besten Kapitel seiner „Wanderungen" knüpften.

Über die Schleuse Alt Ruppin gelangt man zunächst nach Molchow. Das hübsche Dorf mit dem gleichnamigen See liegt eingesponnen von Gärten und Laub abseits des schnellen Straßenverkehrs. In seiner Mitte öffnet sich ein grasiger, von Linden, Eichen und Ahorn gesäumter Platz. Dort steht ein Turm, „unheimlich und grotesk, als hab ihn ein Schilderhaus mit einer alten Windmühle gezeugt", wie Fontane schrieb. Er wurde 1692 errichtet und trägt eine Glocke, deren Herkunft unbekannt ist und von der man lediglich weiß, daß sie 70 Jahre zuvor gegossen worden war.

Im weiteren Verlauf der Route folgt der Weg dem Zermützelsee und überquert bei Fristow den Fluß Rhin. Über Schwanow und Zechow erreicht man schließlich Rheinsberg.

Rheinsberg war Fontane seit seiner Kindheit bekannt, und die Erinnerungen an das vom Wasser umgebene Schloß hatten ihn später während seiner Schottlandreise dazu inspiriert, die Mark Brandenburg zu bereisen und zu beschreiben.

Rheinsberg: das ist vor allem sein zauberhaftes Schloß, zugleich ein Stück preußischer Geschichte und Kulisse einer der reizendsten Liebesepisoden der deutschen Literatur. Als Fontane im Zuge seiner „Wanderungs-Arbeit" nach Rheinsberg kam, waren er und sein knurrender Magen allerdings entschieden der Ansicht, „daß das Rheinsberger Schloß all seines Zaubers unerachtet doch am Ende kein Zauberschloß sein werde, das jeden Augenblick verschwinden könne"; so beschloß der Dichter, vor der Besichtigung als erstes den Ratskeller aufzusuchen, um bei einem gediegenen Frühstück zu prüfen, ob dieser seinem Namen Ehre mache oder nicht. Er tat es. Auch heute noch gibt es diesen Ratskeller; im alten Stil restauriert, erweist er jetzt Fontane die Ehre und bietet dessen Leibgericht an: „Alt-Brandenburgischer Schmorbraten in Ingwersoße, dazu Apfelrotkohl und Kartoffelklöße".

Viele denken beim Namen „Rheinsberg" zuerst an Tucholskys „Bilderbuch für Verliebte", das mit liebenswürdigem Charme die erotische Geschichte der Wochenendfahrt von Claire und Wolfgang erzählt. Man könnte sich gewiß keinen verlockenderen Schauplatz für eine Romanze denken als dieses von Wasser, Wald und der Fülle reizender Fernsichten umgebene Schloß. Mit seinem angrenzenden Park liegt es in einem Uferwinkel des Grienericksees wie ein kleines Sanssouci.

Seine eigentliche Bestimmung aber war eine andere gewesen: Im Jahre 1734 hatte der Soldatenkönig Friedrich Wilhelm I. die Herrschaft Rheinsberg, ursprünglich ein Besitz der Bredows, gekauft und seinem ältesten Sohn Friedrich zum Geschenk gemacht. Dem Kronprinzen und seiner Gemahlin Elisabeth Christine von Braunschweig sollte damit eine angemessene Hofhaltung ermöglicht werden. Das vorhandene Schloß – es war aus den Resten einer frühmittelalterlichen Wasserburg hervorgegangen – wurde unter Beteiligung der Baumeister Johann Gottfried Kemmeter und Georg Wenzeslaus von Knobelsdorff umgebaut. Im August 1736 waren die Arbeiten beendet, so daß der Umzug des Kronprinzen stattfinden konnte. Den düsteren Tagen von Küstrin, wo nach einem gescheiterten Fluchtversuch noch das strafende Schwert des cholerischen Vaters über seinem Haupte geschwebt hatte, und dem weniger dramatisch verlaufenen Neuruppiner Intermezzo folgten nun die „lachenden Tage von Rheinsberg". Inmitten der Wald- und Seenlandschaft schuf sich Friedrich eine kleine, seinen musischen Neigungen entsprechende Idylle, in der er sich fern von seinem strengen und amusischen Vater ungestört der Literatur, Poesie, Musik und Wissenschaft widmen konnte. Er las philosophische Schriften und begann den Briefwechsel mit Voltaire. Umgeben von kultivierter Geselligkeit verbrachte er die unbeschwerteste Zeit seines Lebens. „Ich bin glücklich, diese Stätte zu besitzen, wo man nur Ruhe kennt, die Blumen des Lebens pflückt und die kurze Zeit genießt, die uns auf Erden geschenkt ist", soll er geäußert haben.

Doch die schönen Tage von Rheinsberg gingen bald vorüber. 1740 starb Friedrich Wilhelm I., und der 28jährige Kronprinz mußte nun Abschied nehmen von dem heiteren Leben im Ruppiner Land, um die Nachfolge auf dem Thron seines Vaters anzutreten. Den Besitz Rheinsberg übernahm nun sein Bruder Heinrich, der ihn ein halbes Jahrhundert lang bewohnen sollte.

Heute gehört das barocke Schloß, nachdem es in jüngerer Vergangenheit jahrelang als Sanatorium genutzt wurde, zur „Stiftung Preußische Schlösser und Parks" und steht Besuchern als Museum und Kurt-Tucholsky-Gedenkstätte offen.

Nordöstlich von Rheinsberg, in einem abgeschiedenen Winkel des Ruppiner Landes, liegt der Große Stechlinsee. Still und geheimnisvoll leuchtet er durch das Geäst alter Buchen, deren Zweige tief herabhängen und mit ihren Spitzen die Wasserfläche berühren. Eine Idylle, ein Bild des Friedens. Doch von Zeit zu Zeit, und das nicht nur während des sommerlichen Erholungsbetriebs, soll es hier recht unruhig zugehen: Glaubt man einer alten Überlieferung, dann reagiert der See auf tektonische Unruhen, die irgendwo in der Welt stattfinden, auf merkwürdige Weise. Wenn etwa in Island oder Java ein Vulkan ausbricht oder irgendeine entfernte Region von einem Erdbeben erschüttert wird, dann regt's sich auch hier und ein Wasserstrahl springt auf. So lautet die Sage. Mitunter soll auch „der rote Hahn" aus den Fluten steigen und mit seinen Flügeln das Wasser schlagen, bis es schäumt und brodelt. In Fontanes letztem großem Romanwerk „Der Stechlin" wurde der See schließlich zum Symbol für alle Veränderungen in der großen Welt draußen und deren Auswirkungen auf diese stille Ecke der Mark Brandenburg.

Wie oft mag wohl der See in der Vergangenheit gebrodelt haben, um auf die tiefgreifenden Wandlungen der Gesellschaftsordnung und die Eingriffe in die Natur aufmerksam zu machen? Vielleicht hat ja der Zorn des „roten Hahns" Wirkung gezeigt, denn das Kernkraftwerk, das unweit des Stechlinsees im angrenzenden Waldgebiet gebaut wurde, ist seit 1991 stillgelegt und wird derzeit Schritt für Schritt abgetragen. In der Ortschaft Neuglobsow mag man im Garten des Fontanehauses unter der Linde, wo damals der Dichter gesessen hat, darüber nachsinnen.

Doch auch für den nüchtern-rationalen Betrachter hat der Große Stechlin etwas Besonderes zu bieten: Der buchtenreiche, durch zwei eiszeitliche Schmelzwasserströme geschaffene See ist mit 68 Metern das tiefste und zugleich letzte nährstoffarme Gewässer Brandenburgs.

Neuruppin „hat eine schöne Lage – See, Gärten und der sogenannte ‚Wall' schließen es ein." Weithin sichtbar erhebt sich in unmittelbarer Nähe des Seeufers die doppeltürmige Klosterkirche. In dieser Stadt wurde Fontane geboren. Hier verbrachte er die ersten sechs Jahre seiner Kindheit, bis er mit seinen Eltern nach Swinemünde übersiedelte. Später kehrte er für kurze Zeit zum Besuch des Gymnasiums in seine Geburtsstadt zurück. Die Eindrücke, die der junge Fontane in dem durch preußische Traditionen geprägten Neuruppin sammelte, sollten sich über lange Zeit auf die Arbeiten des Dichters auswirken.

Erinnerung an einen Sieg: Zum 200. Jahrestag der berühmten Schlacht von Fehrbellin, in der 1675 die Brandenburger unter Friedrich Wilhelm die Schweden bezwangen – der militärische Erfolg bescherte ihm den Beinamen „der Große Kurfürst“ – wurde nahe des Dorfs Hakenberg eine Säule errichtet, die mit einem Bronzenachguß der Victoria von Christian Daniel Rauch bekrönt ist. Der Sieg hat die während des Dreißigjährigen Kriegs arg mitgenommene Mark endgültig von der schwedischen Besatzung befreit und den Grundstein für Preußens Größe gelegt. Am Eingang der Lindenallee, die zu der Siegessäule führt, steht ein älteres, um 1800 angelegtes Denkmal, das Fontane während seines ersten Ruppiner Ausflugs vom 18. bis 23. Juli 1859 aufgesucht hat.

Blühender Raps, so weit das Auge reicht: So zeigt sich heute das Feld, wo einst die Schlacht von Fehrbellin geschlagen wurde. Fontane fand die Umgebung des Orts „wenig poetisch" und „schlicht-märkisch"; ein Eindruck, der sicherlich mit der Fruchtfolge zusammenhängt: Als er den Ort besucht hatte, war das Denkmal von einem Kartoffelacker umgeben, und auf einem Nachbarfeld stand der Hafer. Für eine Berliner Schauspielerin schrieb er unter diesem Eindruck den Vers:

„Auf der Fehrbelliner Flur
Gab es Blumen am Schlachttag nur.
Märkische Rosse gewannen die Schlacht,
Haben das Feld berühmt gemacht.
Und dies Feld, es zahlt mit Glück
Alte Schulden in Hafer zurück."

Das um 1750 entstandene stattliche Herrenhaus in Wustrau, heute Sitz der „Deutschen Richterakademie“, erinnert an den schon fast legendären Husarengeneral Friedrichs II., Hans Joachim von Zieten, der hier seinen Wohnsitz hatte. Fontane hatte den Ort und das herrschaftliche Anwesen im Sommer 1859 aufgesucht und „Wustrau“ zum ersten Kapitel seiner „Wanderungen“ gemacht. 1881 resümierte er im Schlußwort seines vierten Bandes: „Nun seht, dieser alte Zieten ist nicht so bloß spurlos aus dieser Zeitlichkeit geschwunden und sitzt auch nicht so bloß (…) oben im Himmel und regiert da mit Gott und dem Alten Fritzen um die Wette, nein, nein, er ist auch noch diesseits zu finden, und wenn ihr nur an den rechten Fleck Erde kommt, so wird sich euch noch allerhand auftun, Kleines und Großes, das an ihn erinnert. Und dieser Fleck Erde liegt am Ruppiner See. Da geht nur hin, und wenn ihr erst da seid, so werdet ihr daselbst nicht bloß das Herrenhaus sehen, das er gebaut, und den Park, den er angelegt hat, sondern zugleich auch seinen Grabstein an der äußeren Kirchenwand und sein stattliches Grabdenkmal im Innern der Kirche.“

Frühmorgens am Ruppiner See: Nichts stört die Stille, kein Windhauch, kein Vogel, kein Boot. Die Ausflugsschiffe – sie tragen die Namen der beiden großen Söhne Neuruppins, „Theodor Fontane“ und „Karl Friedrich Schinkel“ – haben ihren Betrieb noch nicht aufgenommen. Wenige Stunden später werden sie Passagiere in gemächlicher Fahrt durch die Schleuse Alt Ruppin zur Seenkette der Ruppiner Schweiz bringen.

5603560
2443

Poesie des Zerfalls: die Klosterruine von Lindow; rankende Gewächse umschließen das Mauerwerk. Im 13. Jahrhundert durch den Prämonstratenser-Orden als ein Nonnenkloster gegründet, wurde die Anlage im Dreißigjährigen Krieg größtenteils zerstört. Ende des 17. Jahrhunderts in ein „Hochadliges Fräuleinstift" umgewandelt, erfüllte es diese Aufgabe bis zum Ende des Zweiten Weltkriegs. Die letzte hier noch wohnende Stiftsdame verstarb 1981; auf dem angrenzenden Klosterfriedhof hat man sie beerdigt. Die intakten Gebäudeanlagen werden heute als Altersheim und Alterssitz für pensionierte Pastoren genutzt. Bekannt wurde das Stift auch durch Fontanes Roman „Der Stechlin", in dem es als „Kloster Wutz" beschrieben ist.

Blick durch die Säulengalerie an der Seeseite von Schloß Rheinsberg: Wasser, Wald und eine Fülle reizender Fernsichten bestimmen das Bild – eine Idylle, gleichsam dafür geschaffen, sich den schönen Dingen dieser Welt zuzuwenden. So sah es auch Kronprinz Friedrich, als er 1736 im Schloß Einzug hielt, wo er sich ungestört seinen musischen Neigungen widmen konnte. „Ich bin glücklich, diese Stätte zu besitzen, wo man nur Ruhe kennt, die Blumen des Lebens pflückt und die kurze Zeit genießt, die uns auf Erden geschenkt ist", soll er geäußert haben.

Nicht immer sind es die hochstämmigen, unterholzfreien Kiefernwälder auf sandigen Böden, die das Bild märkischer Landschaft bestimmen. Dort, wo es genügend Wasser gibt, wie in der Ruppiner Schweiz, haben Laubwälder Vorrang. Von besonderem Reiz ist die Waldstrecke entlang der Seenkette, die vom Fluß Rhin gebildet wird. Auch Fontane wanderte auf diesem Weg, der sich auf der Höhe an den Ufern des Zermützel- und Tornowsees entlangschlängelt. „An diese Tage knüpfen sich die besten Kapitel meiner ‚Wanderungen' ", schrieb er später an Alexander Gentz, der ihn damals begleitet hatte.

Freienwalde – hübsches Wort für hübschen Ort. (…) Wie oft bin ich dieses Wegs gekommen. Um Pfingsten, wenn die Bäume weiß waren von Blüten, und um Weihnachten, wenn sie weiß waren von Schnee."
Fontane kannte die Gegend um Freienwalde besonders gut. Anlaß für die wiederholten Fahrten in dieses Gebiet waren neben den Recherchen zum zweiten Band der „Wanderungen" vor allem die Besuche beim seit 1847 von der Mutter getrennt lebenden Vater, der sich 1855 in Schiffmühle, einer ehemaligen, an der Alten Oder gelegenen Schifferkolonie zur Ruhe gesetzt hatte und dort, vom Leben abgewandt, die letzten Tage „comme philosophe", wie ein Weiser, verbrachte. In seinem autobiographischen Roman „Meine Kinderjahre" erinnerte sich der Dichter sehr deutlich daran. Der Weg von Freienwalde, der nicht länger als eine gute halbe Stunde dauerte, sowie die Landschaft mit ihren Rapsfeldern und den weit über die Niederung verstreut liegenden, mit Storchennestern besetzten Gehöften hatten sich ihm tief eingeprägt. Das Haus seines Vaters stand da, wo eine alte Holzbrücke den von Freienwalde heranführenden Dammweg auf die Neutornowsche Flußseite fortsetzte, und an dieser Stelle steht es heute noch. Nur die alte Brücke ist durch eine neue aus Beton und Stahl ersetzt worden, über die nun der Verkehr der B 158 flutet. In dem denkmalgeschützten Häuschen ist jetzt die Heimatstube untergebracht, und im Garten erinnert eine Gedenktafel an Fontanes Vater, der hier von 1855 bis zu seinem Tod 1867 gelebt hat.
Freienwalde ist ein Kurort und darum mit dem Zusatz „Bad" im Ortsnamen versehen. Die heilkräftigen Quellen, die aus den umliegenden Bergen sprudeln, waren bereits seit dem 14. Jahrhundert bekannt. Doch die Gründung eines Bades erfolgte erst in den achtziger Jahren des 17. Jahrhunderts, als die Kunde von den heilenden Wassern bis zum Hof des Großen Kurfürsten nach Berlin drang, der auf seine alten Tage an Gicht erkrankt war. In der Hoffnung, daß ihm die mineralische Kraft des Wassers von Freienwalde das gewähren möchte, was ihm so viele fremde Heilquellen bis dahin versagt hatten, reiste der Regent nach Freienwalde. Er trank den Brunnen „mit Erfolg", wie berichtet wurde, und wiederholte daraufhin seine Besuche. Seitdem hielten die Hohenzollern stets Verbindung zu „ihrer" Badestadt, die als Gesundbrunnen rasch in Mode kam: Im Jahr 1685 verzeichnete sie bereits 1 500 Kurgäste. Trotzdem „ist Freienwalde eine märkische Stadt geblieben", bemerkte Fontane. „Nicht der Welttourist, nur die Mark selber kehrt hier zum Besuche bei sich ein." Dementsprechend gab sich der Charakter des Bades eher genügsam. Mit einem ironischen Seitenblick auf die britisch geprägten Bäder Europas hob der Dichter hervor, daß hier das Frühstück noch Frühstück hieße und nicht Breakfast, daß es kein Roulette, keine Equipagen und keine aufgeputzten Bedienten gäbe und schon gar nicht die Gepflogenheit der fünfmal täglich gewechselten Toilette. So ist es auch heute noch. Die Gastronomie pflegt Bodenständigkeit und legt Wert auf das Attribut „hausgemacht". Ihr Angebot schmückt sich weniger mit Namen, die exotischen Duft verströmen, sondern schafft Gaumenlust mit den „Klassikern des Oderbruchs": Schweinekopfsülze, Bauernklopse und Krautwickel.
Die Kuranlagen liegen in einem idyllischen Winkel am Saum der Papenberge. Man erreicht sie über die Gesundbrunnenstraße, die, vorbei an einer Fontane-Büste, leicht ansteigend aus der Stadt herausführt. Der Gebäudekomplex am unteren Ende des Kurparks ist das ehemalige Hotelrestaurant „Papenmühle", an dessen Stelle ursprünglich eine Wassermühle stand. Weiter oberhalb, rechts der Straße, fällt ein im klassizistischen Stil gebautes Landhaus ins Auge, das der Baumeister des Brandenburger Tors in Berlin, Carl Gotthard Langhans (1732–1808), in den Jahren 1789/90 geschaffen hat. Es zählt heute zu den wertvollsten Architekturdenkmälern Bad Freienwaldes. Von dort führt ein von Linden überschatteter Promenadenweg zu dem alten, 1875 gebauten

Kurhaus, dem seit 1994 eine moderne Rehabilitationsklinik für Orthopädie und Rheumatologie angegliedert wurde.
Ein anderer beschaulicher Platz in Bad Freienwalde ist der Apothekerberg mit dem königlichen Schloß. Der zweigeschossige klassizistische Bau, dem ein Landschaftspark angeschlossen ist, wurde zwischen 1798/99 von David Gilly (1748–1808) im Auftrag von Friederike Luise von Preußen, der zweiten Gattin des 1797 verstorbenen Königs Friedrich Wilhelm II., als sommerlicher Witwensitz geschaffen. Schon zu Lebzeiten ihres Gemahls – beide hatten den Gesundbrunnen nach 1787 mehrmals besucht und die Ent-

Das Landhaus am Rand des Kurparks von Bad Freienwalde (oben) wurde 1789/90 von Carl Gotthard Langhans erbaut. Ursprünglich als Witwensitz für die preußische Königin Friederike Luise 1798/99 von David Gilly erbaut, ist das Schloß Freienwalde (unten) heute eine Erinnerungsstätte für Walter Rathenau, der es 1909 in seinen Besitz gebracht hatte.

wicklung des Kurorts unterstützt –, war die berlinmüde Königin gern nach Freienwalde gereist und hatte hier am Apothekerberg, bevor das Schloß errichtet wurde, eine Sommerresidenz, das sogenannte Teehäuschen, bauen lassen. Der im Geschmack des 18. Jahrhunderts mit romantischen Motiven geschmückte Park wurde später unter Einfluß des Gartenarchitekten Peter Joseph Lenné (1789–1866) in einen Landschaftspark mit weitläufigen Rasenflächen und Fernsichten umgestaltet.

Nach dem Tod der Königinwitwe war es im Schloß still geworden. Zwar ließen sich von Zeit zu Zeit noch vereinzelte Gäste und auch Jagdgesellschaften sehen, doch schließlich verödete das Anwesen, bis es 1909 in den Besitz des Industriellen und späteren Außenministers der Weimarer Republik, Walther Rathenau (1867–1922), kam. Der neue Hausherr – er wohnte hier bis zu seiner Ermordung – ließ das Schloß restaurieren und machte es zum Treffpunkt schöngeistiger Menschen, zu denen auch die Dichter Gerhart Hauptmann und Fritz von Unruh zählten. Heute wird das Schloß kulturell genutzt. Eine seit 1991 ständige Einrichtung ist die Rathenau-Ausstellung.

Fontane war der Meinung, daß der besondere Reiz von Bad Freienwalde in seinem bergigen Umfeld liege, denn „wer nicht kommt, um hier die Eisenquelle zu trinken, der kommt doch, um einen Blick in die ‚Märkische Schweiz' zu tun". Gleich im Rücken der Stadt erhebt sich der Ruinenberg, der einen malerischen Blick über die duftige Frische der Bruchlandschaft gewährt. „Wie ein Bottich liegt diese da, durchströmt von drei Wasserarmen: der Faulen, Alten und Neuen Oder, und eingedämmt von Bergen hüben und drüben (...). Nur Wiesen, nur grüne Fläche; dazwischen einige Kropfweiden; mal auch ein Kahn, der über diesen oder jenen Arm der Oder hingleitet, dann und wann ein mit Heu beladenes Fuhrwerk oder ein Ziegeldach, dessen helles Rot wie ein Lichtpunkt auf dem Bilde steht."

Das Oderbruch ist eine etwa 60 Kilometer lange und 20 Kilometer breite Niederung, die nach Osten hin vom Fluß selber und an der gegenüberliegenden Seite von den Abhängen des Barnim-Plateaus begrenzt wird, „ein Bauernland, eine Art Dithmarschen", wie Fontane es charakterisierte. Vor seiner Eindeichung und Urbarmachung war das Bruch eine wüste, von unzähligen, regellos verlaufenden Wasserarmen durchschnittene Fläche, die jedes Jahr nach der Schneeschmelze überschwemmt war. Dann glich das Stück Erde einem „gewaltigen Landsee, aus welchem nur die höher gelegenen Teile hervorragten." Fontane beschrieb sehr ausführlich die Trockenlegung und Nutzbarmachung des Bruchs – ein Unternehmen, das bereits der Soldatenkönig Friedrich Wilhelm I. konkret geplant hatte, das aber erst von seinem Sohn, Friedrich II., erfolgreich zu Ende gebracht werden konnte.

Einen wunderschönen Blick in das Oderbruch von noch höherer Warte, als sie der Ruinenberg bietet, ermöglicht der Aussichtsturm auf dem Galgenberg, wahrlich ein Belvedere. Fontane allerdings konnte ihn während seiner Oderland-Reisen noch nicht besteigen, da das Bauwerk erst im Mai 1879 eingeweiht wurde.

Auf halber Strecke zwischen Bad Freienwalde und Falkenberg liegt der Schloßberg, auf dem sich die Reste einer wettinischen Grenzburg aus dem 12. Jahrhundert befinden. Fontane empfahl, den Berg in den Abendstunden zu besuchen, wenn die Nebel aus den Wiesengründen aufsteigen und der Abendhimmel in wunderbaren Farbenspielen durch die Schleier glüht. Mittlerweile aber ist die Sicht durch Bäume und Laubwerk verstellt, und man muß schon den kleinen Aussichtsturm besteigen, will man die landschaftliche Stimmung genießen.

Den Weg in das von Hügeln umgebene Falkenberg hat Fontane mehrmals zurückgelegt. „Die einschließenden Berge gewähren die schönste und wechselndste Aussicht; der Abhang rechts blickt in das Bruch, die Wände und Kuppen zur Linken aber blicken in die Verschlingungen und Kesseltiefen der eigentlichen Wald- und Berglandschaft hinein." Den stillen Landschaftseindruck des Dichters kann man heute noch nacherleben, und zwar auf dem Fontane-Wanderweg, der von Falkenberg nach Freienwalde führt. Er verläuft auf dem Höhenzug parallel zur Straße.

Am Südosthang der Barnim-Hochfläche liegt inmitten einer seenreichen Waldlandschaft das über 700 Jahre alte Städtchen Buckow, das Fontane als „Perle der Märkischen Schweiz" bezeichnete. „Buckow hat einen guten Klang (…)", schrieb er, „und bei bloßer Nennung des Namens steigen freundliche Landschaftsbilder auf: Berg und See, Tannenabhänge und Laubholzschluchten, Quellen, die über Kiesel plätschern, und Birken, die, vom Winde halb entwurzelt, ihre langen Zweige bis in den Waldbach niedertauchen."

Buckow und seine Umgebung bilden die Märkische Schweiz, einen kleinen Naturpark, der rund 50 Kilometer östlich von Berlin-Mitte liegt. Zu Fontanes Zeit noch ein touristisches Aschenputtel, hat sich das Städtchen mittlerweile zu einem vielbesuchten Ausflugsziel gemausert: Im 14. Jahrhundert lag Buckows Wohlstand im Hopfenanbau begründet, heute bezieht es seinen Reichtum aus dem Erholungswert der Wälder, Täler und Gewässer, die zu seinem landschaftlichen Umfeld gehören.

Von den sechs Seen, die Buckow umrahmen, ist der Schermützelsee der größte. Ganz begeistert berichtete Fontane von einem Ausflug zum Bollersdorfer Plateau, von dessen Höhe aus er das vielleicht schönste Landschaftsbild der Märkischen Schweiz vor sich hatte: „Links und rechts, in gleicher Höhe mit uns, die Raps- und Saatfelder des Plateaus, unmittelbar unter uns der blaue, leis gekräuselte Schermützelsee, drüben am andern Ufer, in den Schluchten verschwindend und wieder zum Vorschein kommend, die Stadt." Immer wieder kehrte sein Blick auf den See zurück, und die Erzählung eines alten Fischers, nach der das ursprüngliche, das alte Buckow dort unten einst versunken sein soll, wollte ihm nicht aus dem Kopf gehen. Obwohl es für die Entstehung des bis zu 45 Meter tiefen Sees auch schon damals eine geologische Erklärung gab – man sprach von einem Erdfall – lehnte sich Fontane weit über den Abgrund hinaus, „wenigstens den Wunsch im Herzen, unten ein Eichenskelett bis an den Wasserspiegel heraufragen und die Fische durch seine Zackenkronen hindurchhuschen zu sehn".

Wie tief muß man eigentlich in das Glas geschaut haben, um den heutigen Erklärungsansatz einer eiszeitlichen Schmelzwasserrinne zu vergessen und Anzeichen für eine im See versunkene Stadt zu finden? Ganz gleich aber, ob Wissenschaft oder Weingeist im Spiel ist: „ob die Glocken dann abends in der Tiefe klingen oder nicht – der ist nicht beneidenswert, der sie schlechterdings nicht zu hören vermag", meinte der Dichter.

Wenn man Buckow mit Dichtern und Dichtung in Verbindung bringt, wird man neben Fontane auch an Bertolt Brecht (1898–1956) denken müssen, der hier mit seiner Frau Helene Weigel (1900–1971) ab 1952 einen Sommersitz bezog. „Das kleine Haus unter Bäumen am See", wie Brecht seinen gar nicht kleinen Besitz nannte, ist von einem parkähnlichen Garten umrahmt. In diesem Ambiente verfaßte er die „Buckower Elegien", die der Schriftsteller Rolf Schneider als „karge, gleichsam märkische Spruchgedichte" bezeichnet hat.

Die Gegend um Buckow ist ein ausgezeichnetes Wandergebiet. Das Angebot reicht von kurzen Spaziergängen bis hin zu ausgedehnten Unternehmungen. Besonders beliebt ist der Weg rund um den Schermützelsee. Aber auch die stillen Waldseen wie der Kleine und der Große Tornow sowie das Stobbertal sind reizvolle Ausflugsziele.

Wer gut zu Fuß ist, kann die Wegstrecke nach Neuhardenberg durch einsame Waldgebiete zurücklegen. Bequemer und schneller geht es allerdings mit dem Fahrzeug über die Oderbruch-Randstraße. Die Geschichte des seit dem 13. Jahrhundert bestehenden Orts ist durch häufige Besitzwechsel geprägt. Mehrmals änderte sich dabei auch der Name: Bis 1814 hieß die Ortschaft Quilitz, anschließend Neuhardenberg und zwischen 1949 bis 1990 Marxwalde. Nach der Wiedervereinigung gab man ihr den alten Namen Neuhardenberg zurück.

Interessant wird die Geschichte des damaligen Quilitz im Jahr 1763 mit der Schenkung von Friedrich II. an den Oberstleutnant Joachim Bernhard von Prittwitz. Dieser hatte als Rittmeister bei den Zietenschen Husaren in der Schlacht bei Kunersdorf 1759 den König vor drohender Gefangenschaft gerettet. Als Dank dafür bekam er Quilitz zum Besitz. Um ein standesgemäßes Leben zu führen, begann der neue Herr sogleich mit der Schaffung eines entsprechenden Domizils. Der Bau war bereits bis zum ersten Stockwerk gediehen, als der König anläßlich einer Inspizierung der Oderbruch-Urbarmachung des Weges kam und sein Mißfallen kundtat: „Prittwitz, Er baut ja ein Schloß;

Er will ja hoch hinaus." Der Oberstleutnant verstand den Wink, verzichtete auf eine Beletage und setzte das Dach auf das Erdgeschoß. Erst von 1820 bis 1823 wurde das Prittwitzsche Landhaus von Schinkel zu einem klassizistischen Palais umgebaut und neben anderen umfassenden Veränderungen um ein weiteres Stockwerk erhöht.

An die Quilitz-Zeit erinnert heute – seit 1988 wird das Schloß museal genutzt – noch der mit Stuckreliefs geschmückte Gartensaal. Er ist der Parkseite zugewandt und blickt auf die Rasen-, Wasser- und Baumpartien. Ebenfalls aus damaliger Zeit stammt das Marmordenkmal, das Prittwitz 1792 zum Gedenken des großen Königs errichten ließ. Es wurde nach Entwürfen von Johann Wilhelm Meil (1733–1805) angefertigt und zeigt auf einem Säulenstumpf das Reliefbild Friedrichs II.: Ein trauernder Mars, die Säule umarmend, kniet zur Linken, während eine aufrecht stehende Minerva an der anderen Seite lehnt. „Die Komposition ist etwas steif, etwas herkömmlich und in vielen Stücken angreifbar, aber dennoch eine gute Durchschnittsarbeit", urteilte Fontane, der das Hauptinteresse darin sah, daß dieses Denkmal das erste überhaupt war, das dem Andenken Friedrichs II. errichtet wurde. Die Quilitzer hatten, einer Anekdote zufolge, ihre eigene Auslegung des Ensembles: Sie sagten, „es sei Prittwitz und seine Frau, die um den Alten Fritz trauern".

Nach dem Tod des ehemaligen königlichen Rittmeisters 1793 blieb Quilitz zunächst Eigentum der Familie. Später ging der Besitz an die Krone über, und 1814 wurde er schließlich dem Staatskanzler Fürst Karl August von Hardenberg (1750–1822) übereignet, der auch die Umbenennung des Orts vornahm. Unter der Regie des neuen Hausherrn wurden Schloß, Park und Kirche umgestaltet. Mit den baulichen Aufgaben war Schinkel beauftragt worden, während die Gestaltung des Landschaftsparks im wesentlichen auf Entwürfe Lennés zurückgeht. Vermutlich hat auch der Schwiegersohn des Staatskanzlers, Hermann Fürst von Pückler-Muskau (1785–1871) an der Veränderung der alten Gartenanlage mitgewirkt – übrigens, wie eine Anekdote erzählt, gegen den Willen und vor allem gegen die Stilvorstellungen seines Schwiegervaters.

Das Denkmal Friedrichs II. im Park von Schloß Neuhardenberg. Der Ausschnitt zeigt den großen König, umarmt von einem trauernden Mars. Es ist das erste Denkmal, das zur Erinnerung an den „Alten Fritz" errichtet wurde.

Die Oder bei Groß-Neuendorf. Fontane kannte das Gebiet recht gut. Seine mehrmaligen Aufenthalte im Oderbruch waren nicht allein durch die Arbeit an den „Wanderungen", sondern auch durch familiäre Anliegen bedingt: Sein Vater betrieb seit 1838 in Letschin, das nur knapp zehn Kilometer von der Oder entfernt liegt, eine Apotheke. Dort hielt sich Fontane verschiedentlich auf und arbeitete auch vorübergehend in der Rezeptur des väterlichen Geschäfts. Auch die Umgebung von Schiffmühle am nördlichen Ende des Oderbruchs, wo sich der Vater 1855 zur Ruhe gesetzt hatte, war Fontane sehr vertraut.

Bad Freienwalde – „hübsches Wort für hübschen Ort“ – bietet reizvolle Plätze. Ein solcher ist der von Peter Joseph Lenné gestaltete Kurpark. Er liegt etwas außerhalb der Stadt in einem Tal, das von den aufsteigenden Hängen der Papenberge begrenzt ist. An der Stirnseite der mit Skulpturen geschmückten Grünanlage steht das alte, 1875 erbaute Kurhaus. Zusammen mit dem Moorbad und einer neuen, 1994 eingeweihten Rehabilitationsklinik bildet es heute wieder den Mittelpunkt des Badelebens. Die Entwicklung Freienwaldes als „Gesundbrunnen“ begann in den achtziger Jahren des 17. Jahrhunderts: Die Nachricht von den heilkräftigen Trinkquellen drang bis an den Hof nach Berlin, und prompt trafen als erste Brunnengäste der Große Kurfürst und seine Gemahlin ein. Auch die nachfolgenden Hohenzollern hielten stets enge Verbindung zu „ihrer“ Badestadt.

Schloß Neuhardenberg – ein Schloß, das keines sein sollte: Als das Gut Quilitz, wie der Besitz damals hieß, durch Schenkung Friedrichs II. an Oberstleutnant von Prittwitz gelangte, ging der neue Eigentümer sogleich daran, das Anwesen standesgemäß auszubauen. Als aber der König sein Mißfallen an dem ehrgeizigen Bauvorhaben seines Untergebenen mit den Worten Ausdruck verlieh: „Er baut ja ein Schloß; er will ja hoch hinaus", verstand Prittwitz den Wink, verzichtete auf eine Beletage und setzte das Dach auf das Erdgeschoß. Erst in den zwanziger Jahren des 19. Jahrhunderts wurde durch Schinkel ein Umbau des alten Herrenhauses in Art eines klassizistischen Palais vorgenommen. Der Besitz selbst war mittlerweile an den Staatskanzler von Hardenberg übergegangen und – wie der Ort – ihm zu Ehren umbenannt worden.

In einem Kesseltal des reichen Wald- und Seengebiets der Märkischen Schweiz liegt Buckow, „eine ländliche Schönheit, die mit nacktem Fuß in den See tritt und unter Weidenzweigen ihr Haar flicht", wie Fontane den Ort charakterisierte. Für die freundlichen Landschaftsbilder, von denen Buckow umgeben ist, hatte auch Bertolt Brecht ein Auge: Mit Helene Weigel richtete er sich am Ufer des Schermützelsees einen Sommersitz ein; dort schrieb er die „Buckower Elegien".

Zu den landschaftlichen Schönheiten der Märkischen Schweiz gehören der Kleine und der Große Tornowsee. Sie liegen in enger Nachbarschaft, sind aber recht verschieden voneinander: Wie der eine den Schatten liebt, bevorzugt der andere das Licht, so meinte jedenfalls Fontane. Der Große Tornowsee (im Bild) bezaubert durch seine grün ansteigenden Ufer und Lichtstimmungen, die den Eindruck heiterer Ruhe erwecken.

Die Oder bei Güstebieser Loose. „Zwischen Frankfurt und Stettin ist während der Sommermonate ein ziemlich reger Dampfschiffverkehr. Schleppschiffe und Passagierboote gehen auf und ab“, bemerkte Fontane während einer Oderfahrt. Heute ist es still geworden auf dem Fluß, der die deutsch-polnische Grenze markiert. Nur von Zeit zu Zeit zieht einmal ein Schleppkahn oder eine Schubeinheit vorüber. Der Natur in den ufernahen Zonen bekommt die Ruhe gut.

Ribbeck: Ein unauffälliges Straßendorf an der einstigen Transitstrecke Hamburg–Berlin. Einfache Häuser, darunter das alte, mittlerweile geschlossene Gasthaus „Zum Birnbaum", diesem gegenüber ein neues Wirtshaus mit Namen „Theodor Fontane". In einem Seitenweg abseits der Hauptstraße das ehemalige Schloß der Ribbecks; ein Schild „Seniorenzentrum Schloß Havelland" weist auf seine heutige Bestimmung hin. Angrenzend ein kleiner Park und die von alten Linden- und Kastanienbäumen beschattete Dorfaue, dahinter das Kirchengelände sowie der Gutshof mit Scheunen und Stallungen: das ist Ribbeck. Ribbeck im Havelland. Vergeblich blättert man im Reiseführer; die Ortschaft erschien den Verfassern zu unbedeutend, als daß sie dort erwähnt worden wäre. Und doch gehört sie zu den bekanntesten im Havelland. Bei bloßer Nennung ihres Namens möchte man automatisch, wie einst in der Schule, die Zeilen des beliebten Gedichts hersagen:

„Herr von Ribbeck auf Ribbeck im
Havelland,
ein Birnbaum in seinem Garten stand."

Fontane erzählt darin die Geschichte eines spendierfreudigen Gutsbesitzers, der von seinem Baum Birnen an die Kinder des Dorfes verschenkte. Als er seinen Tod nahen fühlte, so die Ballade,

„Da sagte von Ribbeck: ‚Ich scheide
nun ab.
Legt mir eine Birne mit ins Grab.'"

Wohlweislich hatte er so verfügt, denn er wußte um die Knauserigkeit des märkischen Adels im allgemeinen und um die seines Nachfolgers im speziellen. Wie die Geschichte zu Ende geht, ist bekannt: Aus der Birne schoß ein neuer Trieb, und der Trieb wuchs zu einem kräftigen Baum heran, der Früchte trug, von denen die Kinder wieder ungestraft naschen durften:

„So spendet Segen noch immer die Hand
Des von Ribbeck auf Ribbeck im
Havelland."

Der alte, in Fontanes Ballade berühmt gewordene Birnbaum steht nicht mehr. Morsch und vom Alter geschwächt, ist er 1911 in einer stürmischen Novembernacht zusammengebrochen. An seiner Statt wächst nun im Schatten der Kirche ein neues Bäumchen, das mittlerweile zu einem Pilgerziel für Ausflügler und Literaturreisende geworden ist. Es wurde 1972 als Wildling gesetzt und im Mai 1993 veredelt. Ob die Birnen seines geborstenen Vorgängers, von dem ein Stück Stamm im Gasthaus „Zum Birnbaum" verwahrt wird, gut gemundet haben, ist nicht bekannt. Von den neuen aber weiß man es: „Schmackhaft 1994" steht auf einer Informationstafel. Damit alt und jung beisammen sind, bemüht sich gegenwärtig der Kirchenvorstand, die „Reliquie" des Fontaneschen Baumes als Ausstellungsstück für die Kirche zu erwerben.

Die Birnbaumgeschichte – Fontane schrieb das Gedicht erst 1889 – kommt in den „Wanderungen" zwar nicht vor, doch ist im Kapitel über Groß Glienicke von den Ribbecks die Rede. Die Vertreter dieses Adelsgeschlechts waren aber weit verbreitet, und es ist schwer zu sagen, wer von ihnen durch die Ballade populär geworden ist. War es Hans Georg von Ribbeck, der 1624 das Ribbeck-Haus in Berlin baute? Oder vielleicht jener, der von 1689 bis 1759 gelebt hat und den das Rib-

Das Kloster Lehnin – im 12. Jahrhundert von Zisterziensern gegründet – war nicht nur das älteste Kloster in der Mark, sondern auch das reichste, und demgemäß war seine Erscheinung. „Eine gotische Stadt im Kleinen", nannte es Fontane. Auch heute noch ist das Gebäudeensemble aus Backstein trotz vielfacher baulicher Veränderungen eine prachtvolle Anlage, deren stattlichen Mittelpunkt die hohe Klosterkirche bildet.

becker Kirchenbuch als tadellosen Menschen erwähnt? Überdies steht der Geschichte vom großzügigen Gutsherrn eine ältere Überlieferung gegenüber, die für den Birnbaum auf dem Grabe eine andere, eher prosaische Erklärung hat: Ihr zufolge hatte man vergessen, dem Toten vor seiner Beerdigung die Taschen, in denen eine Birne verblieben war, zu leeren. Wie auch immer, die Ballade scheint ein Versuch Fontanes gewesen zu sein, nach aller Kritik, die er am märkischen Adel geübt hatte, wieder einmal etwas zu dessen Gunsten zu äußern. Sicher aber ist, daß der literarische Birnbaum von Ribbeck zu einem Markenzeichen des Havellands geworden ist.

Dabei sind es weniger Birnen als Zigtausende von Kirsch- und Apfelbäumen, die den Ruhm des Havellands als Obstanbaugebiet begründen. Sein Zentrum liegt in der Gegend um Werder. Fontane schrieb von „ganzen Kirschbaumwäldern", die sich in wohlgerichteten Reihen von den Ufern der Havel bis zu den Kuppen der Berge hinaufzogen. Besonders beeindruckt aber hatten ihn schon als Jungen die Werderschen Obstmarktfrauen, an die er sich als „die besten Freundinnen unserer Jugend" erinnerte. Auf seinem Schulweg in Berlin war Fontane jeden Morgen an ihren Ständen vorbeigekommen, und mit Spannung hatte er so manches Mal das Einlaufen der mit Obst beladenen Boote verfolgt, „große Schuten, dicht mit Tienen [Obstkörben] besetzt, während auf den Ruderbänken zwanzig Werderanerinnen saßen und ihre Ruder und die Köpfe mit den Kiepenhüten gleich energisch bewegten. Das war ein idealer Genuß". Bedenkt man, daß die Heranwachsenden vor 160 Jahren noch geringerer Reize bedurften, um zufriedengestellt zu werden, läßt sich das Entzücken des 15jährigen Fontane, den der Kuppelbau der umgestülpten und übereinandergetürmten Holztienen damals mehr interessierte als der Säulenwald des Schinkelschen Neuen Museums, leicht nachvollziehen.

Als Fontane 45 Jahre später wieder nach Werder kam – „das ‚Neue Museum' von damals ist schon wieder zu einem alten geworden", schrieb er danach –, waren die Bilder jener Tage nicht verblaßt. Und „die Jugendsehnsucht nach den Werderschen stieg wieder auf", wenn er von den Uferhöhen am Schwielowsee zur Spitzturmkirche von Werder blickte.

Ursprünglich wurde in der Gegend um Werder Weinanbau betrieben, den die Zisterziensermönche des nahegelegenen Klosters Lehnin eingeführt hatten. Erst im 18. Jahrhundert ging man vermehrt dazu über, Obst zu kultivieren. Der Wechsel erwies sich als segensreich, und der Wohlstand der Inselstadt Werder mehrte sich im gleichen Maß, wie sich Berlin, wichtigster Absatzmarkt von Gartenanbauprodukten, vergrößerte. Wenn heute im Frühjahr die Obstbäume in einem weiß- und rosafarbenen Blütenmeer stehen und die Stadt das traditionelle Baumblütenfest feiert, dann strömen Tausende Besucher hierher, um sich an der Pracht und vor allem am Werderaner Obstwein zu berauschen. Und wem die Promille den Blick nicht vollends getrübt haben, der wird auch für die landschaftlichen Reize des Havelgebiets südlich von Potsdam, wo der Fluß ein vielgestaltiges Seengebiet bildet, ein offenes Auge haben.

Von Potsdam kommend, führt der Weg nach Werder über die Baumgartenbrücke. Dort bildet die Havel nach Süden hin das weite Becken des Schwielowsees und weicht gleichzeitig von ihrer bislang bevorzugten südlichen Fließrichtung nach Norden ab. Der Blick von hier ist einer der schönsten im gesamten Flußverlauf: Links eine zumeist mit zahllosen Segeln übersäte Fläche, von deren Ufer sich sanft bewaldete Hänge emporziehen; rechts das Havelwasser, in dem sich der Backsteinkirchturm von Geltow spiegelt. Ein Stück weiter sieht man über dem westlichen Ufer einen anderen Kirchturm in spitzenreicher Gotik emporsteigen: Es ist die Kirche „Zum Heiligen Geist", die sich malerisch über der Stadtinsel von Werder erhebt. Sie ist heute noch so erhalten, wie Fontane sie schilderte. Auch das von ihm ausführlich beschriebene Altargemälde, das Christus als Apotheker zeigt, ist noch vorhanden. Ursprünglich im Jahre 1250 von Zisterziensermönchen aus Lehnin errichtet, wurde die Kirche zweimal völlig umgebaut. Bei ihrer letzten Erneuerung von 1856 bis 1858 hat man ihre Gotik wiederhergestellt, die, wie Fontane urteilte, „in der Nähe vielleicht mannigfach zu beanstanden, als Landschaftsdekoration aber (...) von seltener Schönheit ist."

Ein anderes Schaustück gelungener Symbiose zwischen Naturlandschaft und menschlicher Gestaltungskraft präsentiert sich in der Schloß- und Parkanlage von Petzow, einer kleinen Ortschaft am West-

ufer des Schwielowsees. Das Schloß, das zuvor ein Gutshaus war, wurde 1828 nach einem Plan von Schinkel errichtet. „Es zeigt eine Mischung von italienischem Kastell- und englischem Tudorstil, denen beiden die gotische Grundlage gemeinsam ist“, schrieb Fontane. Der Besitz gehörte der Familie Kaehne, die ihn von 1623 bis 1945 innehatte. Ursprünglich waren die Kaehnes Bauern, die 1740 in den Adelsstand erhoben wurden. Der Park zählt zu den schönsten Schöpfungen Lennés. An einem Hügelabhang gelegen, gewährt er einen berückenden Blick über den erlenumstandenen Parksee und den dahinterliegenden, durch einen schmalen Damm von ihm getrennten Schwielowsee.

Am jenseitigen Ufer, dort, wo die Havel den Templinersee verläßt und sich wieder zu einer Wasserstraße verengt, um kurz darauf mit der Einmündung in den Schwielowsee erneut ihren Flußcharakter aufzugeben, liegt das Städtchen Caputh. Ehemals waren hier Schiffer und Schiffbauer zu Hause. Sie verfügten über eine ansehnliche Kahnflotte, mit der sie hauptsächlich Steine, die in den zahlreichen Ziegeleien der Umgebung gebrannt wurden, zu den städtischen Märkten transportierten. Damals, als der abkürzende Weg nach Berlin über eine nördliche Kanalverbindung noch nicht bestand, mußte der gesamte Havelverkehr an Caputh vorbeiziehen. So bildeten sich hier ein wichtiger Hafen und Handelsplatz. Erst mit der Fertigstellung des Sacrow-Paretzer-Kanals 1891 verlor Caputh, das Fontane als das „Chicago des Schwielowsees“ bezeichnete, an Bedeutung. Seine Bewohner sahen sich nun gezwungen, eine andere Erwerbsquelle zu erschließen; fortan konzentrierten sie sich auf Gartenbau und Fremdenverkehr. Heute ist die Ortschaft mit dem Fährhauslokal und den nahegelegenen „Seeterrassen“ ein beliebtes Ausflugsziel. Eine besondere Attraktion bietet die Seilfähre, die in nostalgischer Manier Gäste über die Havel setzt.

Auch Albert Einstein hat sich in Caputh wohl gefühlt. Er besaß hier ein Sommerdomizil, das er von 1929 bis zu seiner Emigration nach Amerika 1932 bewohnte. Wenn er von seinem Häuschen in der Waldstraße den Blick über die Havel schweifen ließ und die vorüberziehenden Schiffe beobachtete, dürfte er sich wohl kaum Sorgen über das Relativitätsprinzip gemacht haben. In offensichtlicher Ferienstimmung schrieb er seinem Sohn in Zürich folgenden Vers:

„Sei ein gutes faules Tier,
streck alle Viere weit von Dir.
Komm nach Caputh, pfeif auf die Welt
und auch auf Papa, wenn Dir's gefällt.“

Das Havelland, schrieb Fontane, „ist die Stätte ältester Kultur in diesen Landen. Hier entstanden, hart am Ufer des Flusses hin, die alten Bistümer Brandenburg und Havelberg. Und wie die älteste Kultur hier geboren wurde, so auch die neueste. Von Potsdam aus wurde Preußen aufgebaut, von Sanssouci aus durchleuchtet.“ Obwohl er Potsdam von häufigen Besuchen her gut kannte, schlug Fontane in den „Wanderungen“ einen großen Bogen um die wichtigste Stadt der Region. In einer älteren Inhaltsgliederung von 1869/70 ist noch ein Potsdam-Kapitel mit neun Unterpunkten vorgesehen, und es gab auch schon einen Textentwurf. Beim Verzicht auf diesen Abschnitt mag auch die Überlegung eine Rolle gespielt haben, daß ein Potsdam-Kapitel den Rahmen des „Wanderungen“-Bandes „Havelland“ gesprengt hätte, zumal die ursprüngliche Absicht,

„Christus als Apotheker“: Fontane fand das ehemalige Altargemälde der Stadtkirche von Werder „so abnorm, so einzig in seiner Art“, daß er es in seinem Werder-Kapitel der „Wanderungen“ ausführlich beschrieb. Das Bild zeigt Christus am Dispensiertisch. Aus einem Beutel entnimmt er eine Handvoll Kreuzwurz, um die Waage, in deren einer Schale die Schuld liegt, wieder in Balance zu bringen.

das Thema in zwei Bänden abzuhandeln, aufgegeben wurde. So begnügte sich Fontane damit, anstelle der Großtaten und Kunstdenkmäler eine andere Zierde Potsdams herauszustellen: Den Havelschwänen widmete er ein ganzes Kapitel und beschrieb darin sehr ausführlich, wie die Vögel sommers und winters eingefangen wurden, das eine Mal, um sie auf die Rupfbank, das andere Mal, um sie in eisfreie Gewässer zu bringen.

Mit dem Verzicht auf einen zweiteiligen Havelland-Band mußte auch Brandenburg in den Wanderungen unbehandelt bleiben. In einem Brief vom 13. Juli 1888 bekannte Fontane: „Soviel ich mich mit Einzelpartien unserer Mark beschäftigt habe, zu einem auch nur leidlich gründlichen Studium der einst wichtigsten Stadt des Landes bin ich nie gekommen.“ Er erwähnte sie lediglich in dem Kapitel, das die Besiedlungsgeschichte der Mark behandelt, als die „alte Wendenveste Brennabor“. (Der erste urkundlich erwähnte Name für Brandenburg ist Brendanburg. Der Begriff Brennabor stammt aus spätmittelalterlicher Zeit.) Trotzdem aber dürfte er die Stadt und ihre Sehenswürdigkeiten, etwa die Katharinenkirche und den Dom St. Peter und Paul, das Altstädtische Rathaus und die Stadtbefestigung mit den Tortürmen gut gekannt haben.

Fontanes Aufmerksamkeit richtete sich besonders auf die Geschichte der im 6. Jahrhundert in das Gebiet der späteren Mark Brandenburg eingewanderten slawischen Volksstämme sowie deren Beziehung zu den später nachfolgenden deutschen Kolonisten. In seiner Darstellung bezog er deutlich Stellung für die Wenden, jenen Stamm der großen slawischen Völkerfamilie, der am weitesten nach Westen vorgedrungen war. Er widersprach landläufigen Vorurteilen und wies darauf hin, daß die Wenden, „noch eh es eine ‚Mark‘ gab, in demjenigen Landesteile wohnten, der später Mark Brandenburg hieß“. Sie seien nach der Eroberung durch Albrecht den Bären im Jahr 1157 auch keineswegs vertrieben worden, wie einzelne Historiker behaupteten, sondern hätten sich mit den deutschen Einwanderern vermischt.

Und was die Entwicklung ihrer Kultur anging, war, so meinte Fontane, „die Superiorität der Deutschen (...) weniger groß, als deutscherseits vielfach behauptet worden ist.“

Als die Wenden in der Mark unterworfen waren, begann eine systematische Germanisierung und Christianisierung der slawischen Gebiete östlich der Elbe. Es kamen Ordensgemeinschaften, allen voran die Zisterzienser, die die Aufgabe hatten, das Land für eine weitere Kolonisierung vorzubereiten. Die ersten Mönche erschienen 1180 in der Mark. Als Pioniere und Kulturbringer fanden sie hier ideale Bedingungen vor. Sie rodeten Wälder, legten Wiesen und Sümpfe trocken, forcierten Ackerbau und Viehzucht, gründeten Krankenhäuser und breiteten den Geist des Christentums aus. Das wichtigste der 21 märkisch-lausitzischen Zisterzienser-Klöster, die Fontane aufzählte, war das Kloster Lehnin, gleichsam ein Mutterkloster für die gesamte Gegend, aus dem auch Chorin hervorging. Heute bestehen die meisten dieser ehemaligen Ordenshäuser nur noch als Ruinen oder sind anderen Zwecken zugeführt worden, und kaum jemand macht sich noch Gedanken darüber, daß sie das Fundament bildeten, auf dem das Land aufgebaut wurde. „Das Gedächtnis an sie“, schrieb Fontane, „und an das Schöne, Gute, Dauerbare, das sie geschaffen, ist geschwunden; uns aber mag es geziemen, darauf hinzuweisen, daß noch an vielen hundert Orten ihre Taten und Wohltaten zu uns sprechen. Überall, wo in den Teltow- und Barnim-Dörfern, in der Uckermark und im Ruppinischen alte Feldsteinkirchen aufragen mit kurzem Turm und kleinen niedrigen Fenstern, überall, wo die Ostwand einen chorartigen Ausbau, ein sauber gearbeitetes Sakristeihäuschen (...) zeigt, überall da mögen wir sicher sein – hier waren Zisterzienser, hier haben Zisterzienser gebaut und der Kultur und dem Christentum die erste Stätte bereitet.“ In mancher Hinsicht könnte das Land heute wieder die Zisterzienser gebrauchen.

Schloß Petzow „zeigt eine Mischung von italienischem Kastell- und englischem Tudorstil“, schrieb Fontane über das ehemalige Gutshaus, das in seiner gegenwärtigen Gestalt nach einem Plan von Schinkel gebaut wurde. Am Westufer des Schwielowsees inmitten eines weiträumigen Landschaftsgartens gelegen, ist die Anlage eine der schönsten der Mark Brandenburg.

Havelländische Vorzeige-Idylle: Eine Kirche, die sich in spitzenreicher Gotik über die umliegenden Häuser erhebt, eine alte Mühle, das alles eingebettet im Grün und umgeben von Wasser – das ist der Blick auf die Inselstadt Werder. Obwohl auch Fontane von diesem malerischen Ensemble nicht ungerührt blieb, mäßigte er seine Begeisterung und hob hervor, daß in der Vergangenheit „der nur auf das Praktische gerichtete Sinn“ und die „Abgeschlossenheit“ verhindert hätten, „aus Werder einen Prachtbau zu schaffen. Es hatte seine Lage und seine Kirche, beide schön, aber die Lage hatte ihnen Gott und die Kirche hatten ihnen die Lehniner Mönche gegeben. An beiden waren die ‚Werderschen‘ unschuldig.“

Abendstimmung über der Havel: Kurz nach Sonnenuntergang haben es die Ausflugs- und Freizeitboote eilig, noch vor Einbruch der Dunkelheit ihre Liegeplätze zu erreichen. Der Blick von der Baumgartenbrücke auf die Kirchturmspitze von Geltow gehört zu den reizvollsten des Havelgebiets. Auch Fontane hatte ein Auge dafür. Doch kam es ihm in seinen „Wanderungen“ weniger darauf an, malerische und stimmungsvolle Winkel aufzuspüren; seine Liebe zu diesem Gewässer war nicht in erster Linie Begeisterung an schöner Natur, sondern Interesse an der Flußlandschaft als Einzugsgebiet von Kultur und Geschichte. „Die Havel“, so betonte er, „darf sich einreihen in die Zahl deutscher Kulturströme.“

SEILFÄHRE
F

Fast wie ein Bild aus vergangenen Tagen: Immer noch tuckert die alte Seilfähre von Caputh über die Havelenge zwischen dem Templiner- und dem Schwielowsee von Ufer zu Ufer. Die Gäste im traditionellen Fährhaus können bei deftiger märkischer Kost das Geschehen auf dem Fluß „aus erster Reihe" mitverfolgen. Schon zu Fontanes Zeiten war das Städtchen ein beliebtes Ausflugsziel der Berliner, und der Dichter nahm das Kapitel Caputh zum Anlaß, sich amüsiert über seine erholungsuchenden Mitbürger zu äußern. Er unterschied dabei zwischen „heitren Landpartien", bei denen immer geweint, und „ernsten Landpartien", bei denen immer nur gelacht würde. Die heiteren seien durch ihren starken Anteil an Kindern gekennzeichnet, bei den ernsten hingegen nähmen Kinder nie teil. Bei den einen würden weißgekleidete Mädchen mit rosa Schleifen in den Wald zum Erdbeersuchen geschickt, womit die nachfolgende Katastrophe vorprogrammiert sei, bei den anderen gäbe es hingegen keinerlei Verstimmungen: Die Erdbeeren in Sorbet würden beim Ober bestellt, man rede in „Pikanterien", und „unglaubliche Toaste" würden ausgebracht.

Ein bernsteinfarbenes Kleinod, so steht die Heilandskirche von Sacrow am Ufer der Havel und reflektiert das warme Licht der Morgensonne. In ihrem basilikalen Stil, mit dem freistehenden „Campanile", der umlaufenden Arkadenhalle und dem mit abwechselnd hellen und dunklen Ziegelstreifen gegliederten Mauerwerk erinnert sie an die frühchristlichen Kirchen Italiens. Sie wurde von Ferdinand Ludwig Persius von 1841 bis 1843 erbaut, gilt aber eher als Werk König Friedrich Wilhelms IV., der Potsdam mit Gotteshäusern in der Basilikaform umgab. Sacrow war Fontane durch mehrmalige Besuche recht vertraut. Um so erstaunlicher ist, daß er die Heilandskirche, die er ebenfalls gekannt haben muß, mit keinem Wort in den „Wanderungen" erwähnte, obwohl es von ihm einen ausführlichen Bericht über den Ort gibt.

SANS, SOUCI

Alle Hohenzollern haben an Potsdam gebaut, und jeder hat ein Etwas zurückgelassen, das besonders charakteristisch für ihn oder für seine Zeit ist", schrieb Fontane in seinen Vorarbeiten zu den Kapiteln „Potsdam" und „Sanssouci", die aber letztendlich in den „Wanderungen" unberücksichtigt blieben. Mit Schloß Sanssouci hatte Friedrich II. seinem Traum von einem Dasein „ohne Sorge" (französisch: sans souci) Gestalt verleihen wollen. Knapp vor seinem hundertsten Todesjahr erscheint der König noch einmal „Auf der Treppe von Sanssouci" – mit Krückstock, Hut und Stern in einem Gedicht, das Fontane anläßlich des Geburtstags von Adolph von Menzel am 8. Dezember 1885 schrieb.

Chorin war der bedeutendste Ableger des Zisterzienser-Mutterklosters Lehnin. Es ging aus einer früheren, an anderer Stelle gelegenen Anlage hervor, dem Kloster Mariensee, das zwischen 1270 und 1273 an seinen jetzigen Standort verlegt wurde. Heute wird die Klosteranlage museal genutzt; im Kirchenschiff oder im Innenhof finden im Sommer Konzerte statt. Ein besonderes Schauerlebnis bietet die reich gegliederte Westfassade der Kirche. Mit ihren aufragenden Strebepfeilern, den fein gearbeiteten Maßwerkfenstern und schmückenden Bauelementen sowie den abschließenden Türmchen strebt sie nach vollkommener Harmonie. Im Urteil Fontanes ist Kloster Chorin „keine jener lieblichen Ruinen, darin sich's träumt wie auf einem Frühlingskirchhof, wenn die Gräber in Blumen stehen; (...) Wer hier in der Dämmerstunde des Weges kommt und plötzlich zwischen den Pappeln hindurch diesen still einsamen Prachtbau halb märchenhaft, halb gespenstig auftauchen sieht, dem ist das Beste zuteil geworden.“

Mit Tagesanbruch haben wir Lübben, die letzte Station, erreicht und fahren nunmehr am Rande des hier beginnenden Spreewaldes hin, der sich anscheinend endlos, und nach Art einer mit Heuschobern und Erlen bestandenen Wiese, zur Linken unseres Weges dehnt. Ein vom Frühlicht umglühter Kirchturm wird sichtbar und spielt eine Weile Verstecken mit uns; aber nun haben wir ihn wirklich und fahren durch einen hochgewölbten Torweg in Lübbenau, ‚die Spreewald-Hauptstadt', ein."

Der Bericht einer Spreewaldfahrt gehört zu den allerersten Reisefeuilletons, die Fontane in seiner Eigenschaft als „Wanderer" geschrieben hat. Unterteilt in vier Kapitel, erschienen die Aufsätze bereits im Spätsommer 1859 in der „Preußischen Zeitung". Vom wirtschaftlichen Standpunkt gesehen, hatte Fontane das Unternehmen als „ein ziemlich trauriges business" bezeichnet. Doch er sah den Wert dieser Arbeit mehr in ihrer Bedeutung als Visitenkarte für Redaktionen. Außerdem dienten die Veröffentlichungen dem Zweck, Vorstudien für seine „große Arbeit" zu sein. 22 Jahre später gingen die Texte gekürzt und umgearbeitet als Eröffnungskapitel in den vierten und letzten, dem Spreeland gewidmeten Band der „Wanderungen" ein.

Der Spreewald, heute ein Biosphärenreservat, bietet ein für Mitteleuropa einzigartiges Landschaftsbild, dessen Eigentümlichkeit Fontane mit dem Zauber von Venedig verglichen hat. Es ist geprägt von einem weit verzweigten Geflecht von Flußverästelungen, das eine ungefähr 75 Kilometer lange und bis zu 15 Kilometer breite Niederung nordwestlich von Cottbus durchzieht. Aufgrund des geringen Gefälles in diesem Abschnitt verzweigt sich die Spree mit ihren Zuflüssen und bildet eine Vielzahl kleinerer Bäche, die hier als Fließe bezeichnet werden. Auf den bewaldeten Inseln dazwischen, den Kaupen, liegen die Siedlungen. Ursprünglich war das gesamte Gebiet vollständig bewaldet. Mit zunehmender Erschließung und steigendem Bedarf an Nutzholz, Äckern und Wiesen ist der einstige Auenwald allerdings stark zurückgedrängt worden.

Die etwa 300 natürlichen Wasserarme, denen zur Steuerung der Wasserführung und zur Verbesserung der wirtschaftlichen Nutzung des Landes weitere künstlich geschaffene Kanäle hinzugefügt wurden, bilden das innere Wegesystem des Spreewalds. In der Vergangenheit stellten sie die einzige Verbindung zwischen den verstreut liegenden Höfen und den Ortschaften her. Folglich war ohne Kahn ein Leben im Spreewald nicht denkbar: Mit ihm wurde die Ernte eingeholt und zu Markte gefahren; er brachte die Kinder zur Schule, den Arbeiter zu seinem Arbeitsplatz und den Arzt ans Krankenbett; mit ihm kam der Kirchenbesucher zum Gottesdienst und der Verstorbene zu seiner letzten Ruhestätte. Heute noch wird im Spreewalddorf Lehde die Post per Kahn zugestellt. Wenngleich ihre wirtschaftliche Bedeutung nach der Trockenlegung des ehemals sumpfigen Geländes und mit dem Ausbau des Wegenetzes zurückgegangen ist, werden die romantischen Wasserstraßen als Transportwege zwischen Feld, Hof und Nachbarort immer noch genutzt.

Von seinen beiden Teilen, dem Unter- und Oberspreewald, ist letzterer die bekanntere und stärker besuchte Region. In diesem von Lübben bis Burg reichenden Abschnitt ist die Stromverwilderung am stärksten ausgeprägt und somit der Charakter einer Fluß-Insel-Landschaft besonders augenfällig.

Als Fontane vor mehr als 135 Jahren den Spreewald besuchte, hat er wohl kaum vorausahnen können, daß sich dieses Gebiet bald zu einem der beliebtesten Ausflugsgebiete des Berliner Raums entwickeln sollte. Um den hiesigen Fremdenverkehr machte sich damals der Direktor der Königlichen Kunstgewerbeschule in Görlitz, Professor Woite, verdient: Ab 1882 kam er jährlich für mehrere Wochen in den Spreewald, und ihm verdankt auch der Gasthof in Lehde seinen bekannten Namen „Zum fröhlichen Hecht". Mit dem Besitzer des Lokals kreierte er einen Prospekt, in dem für Lehde als „Klein-Venedig" und „Fundgrube für Maler" geworben wurde. Die Resonanz auf diese Aktion blieb nicht aus, und bald traf sich hier im versteckten Winkel des Spreelands ein kunstbeflissenes Völkchen, das nicht nur von den Motiven begeistert war, sondern auch an den regelmäßig veranstalteten Künstlerfesten, den sogenannten „Italienischen Nächten", Gefallen fand. Auch heute noch ist das Gasthaus „Zum fröhlichen Hecht" ein beliebtes Ausflugsziel.

Mittlerweile kommen jährlich etwa eine Million Besucher in den Spreewald, um auf dem Wasserweg von Lübben, Lübbenau oder Burg aus, die Schönheit der Landschaft zu erfahren. Die Spreewald-Gondolieri haben dabei Hochkonjunktur. Nach alter Tradition werden die flachen Kähne von den Fährleuten per Hand mit vier Meter langen Staken vorwärtsbewegt. Die Fahrt führt über stille, von Birken, Pappeln, Eschen und Eichen beschattete Fließe vorbei an alten Blockhäusern, Gärten und Wiesen mit ihren zwiebelförmigen Heuschobern. Meist wird der Ausflug an einer der idyllisch gelegenen Waldgaststätten unterbrochen.

Besonders beliebt ist noch heute die einstündige Kahnfahrt von Lübbenau in das typische Spreewalddorf Lehde. „Gleich die erste halbe Meile ist ein landschaftliches Kabinettstück und wird insoweit durch nichts Folgendes übertroffen, als es die Besonderheit des Spreewaldes: seinen Netz- und Inselcharakter, am deutlichsten zeigt", schrieb Fontane. Zu Lehde selbst bemerkte er weiter: „Es ist die Lagunenstadt in Taschenformat, ein Venedig, wie es vor 1 500 Jahren gewesen sein mag, als die ersten Fischerfamilien auf seinen Sumpfeilanden Schutz suchten. Man kann nichts Lieblicheres sehn als dieses Lehde, das aus ebenso vielen Inseln besteht, als es Häuser hat." Das gilt auch heute noch. Die Spree bildet die Dorfstraße, und die in sie einmündenden Gassen sind Seitenkanäle des Hauptarms. Schilfgedeckte Blockhäuser mit kleinen Fenstern, umstellt von rankenden Blumen und Obstbäumen, sind ein reizvoller Anblick.

Auf einer größeren Insel des Dorfs kann man ein Freilichtmuseum mit Wohn- und Wirtschaftsgebäuden, wie sie früher im Spreewald üblich waren, besichtigen und sich mit der Lebensweise der sorbischen Bauern vertraut machen. Denn der Spreewald ist, wie schon die zweisprachig abgefaßten Ortsschilder erkennen lassen, Heimat der Sorben, auch Wenden genannt. Sie sind Nachfahren eines westslawischen Volkes, das zwischen dem 6. und 8. Jahrhundert in die Gebiete der Nieder- und Oberlausitz eingewandert ist. In der Abgeschlossenheit der nur schwer zugänglichen Spreewald-Landschaft konnten sie ihre sprachliche und kulturelle Zugehörigkeit bis zum heutigen Tag erhalten.

Wie schon zu Fontanes Zeiten betrachtet man Lübbenau – auf sorbisch: Lubnjow – als die eigentliche „Spreewald-Hauptstadt". Sie ist aber nicht nur das Haupttor zum Oberspreewald, sondern auch ein Zentrum der Gemüseverarbeitung. Gurken, Meerrettich und Kürbis sind bekannte Spreewaldprodukte. Auch heute noch kann der Reisende die Stadt durch den hochgewölbten Torweg des 1850 erbauten ehemaligen Rathauses betreten. Über den Marktplatz gelangt er zur Pfarrkirche, in der Fontane einst einer wendischen Predigt lauschte. Von dort ist es nicht weit zum Hafen, an den das Schloßgelände mit einem Landschaftspark grenzt. Das ursprünglich auf den Grundmauern einer mittelalterlichen Wasserburg errichtete Renaissanceschloß, ab 1621 Sitz der Grafen von Lynar, wurde von 1817 bis 1820 in einen klassizistischen Bau umgewandelt. Nach umfassenden Restaurierungsarbeiten in jüngster Zeit wird es jetzt als Hotel und Tagungsstätte genutzt. Am Rand des Parks stehen die gräfliche Kanzlei, in der das Spreewaldmuseum untergebracht ist, sowie die Orangerie, in der man unter anderem Werke von Antoine Pesne und Johann Heinrich Tischbein d. Ä. besichtigen kann.

Die ursprünglich wichtigere Spreewaldstadt aber war Lübben. Aus dem alten sorbischen Burgort Lubin hervorgegangen, war es zeitweise Hauptstadt der Niederlausitz. Von der ehemaligen Stadtmauer sind noch geringe Teile mit Eckturm und Wiekhaus erhalten. Zu den wenigen Gebäuden der Altstadt, die die Angriffe in den letzten Kriegstagen 1945 überstanden haben, gehört die Stadtkirche aus dem 15./16. Jahrhundert. Seit 1930 trägt sie den Namen des protestantischen Liederdichters Paul Gerhardt (1607–1676), der 1669 nach Lübben kam und hier bis zu seinem Tode als Pfarrer wirkte. Zuvor war er von 1651 bis 1657 Propst in Mittenwalde und wurde anschließend als Diakonus an die Berliner Nikolaikirche berufen. Wegen theologischer Lehrstreitigkeiten zwischen Reformierten und Lutheranern mußte er sein dortiges Amt 1666 aufgeben. Im Altarraum der Lübbener Stadtkirche hängt ein lebensgroßes Bild Paul Gerhardts, das einzige, das zu seinen Lebzeiten gemalt worden ist. Sehenswert ist auch das Denkmal vor der Kirche, das 1907 zu seinem 300. Geburtstag errichtet worden ist.

Und „wer reist nach Mittenwalde", in die Stadt, in der Paul Gerhardt sehr wahrscheinlich einige seiner schönsten Lieder geschrieben hat, so fragte Fontane, um gleich darauf die Antwort zu geben: „Tausende wallfahrten nach Gohlis, um das Haus zu sehen, darin Schiller das Lied ‚An die Freude' dichtete. Mittenwalde besucht niemand, und doch war es in seinem Propsteigarten, daß ein anderes, größeres Lied an die Freude gedichtet wurde, das große deutsche Tröstelied: ‚Befiel du deine Wege'."

Vom Einkaufsbummel zurück: Zwei Frauen aus dem Spreewalddorf Leipe staken in ihrem flachen Kahn nach Hause. Das Foto wurde 1912 aufgenommen. Noch heute ist in dem weit verzweigten Netz der Spreeverästelung das Boot ein wichtiges Verkehrsmittel.

Einzelne Häuser werden sichtbar; wir haben Lehde, das erste Spreewalddorf, erreicht. Es ist ein bäuerliches Venedig, die Lagunenstadt im Taschenformat; (...) Man kann nichts Lieblicheres sehen als dieses Inseldorf, das aus ebenso vielen Eilanden besteht, als es Häuser hat." So ist es auch heute noch. Wie zu Fontanes Zeit bildet die Spree die große Dorfstraße; ihre abzweigenden Arme sind Gassen, die Haus und Hof mit der „Hauptverkehrsader" verbinden. Erst 1929 wurde ein Landweg angelegt, der Lehde mit dem etwa zwei Kilometer entfernten Hauptort Lübbenau verbindet. Doch immer noch ist der Kahn ein wichtiges Verkehrsmittel und eine Attraktion für Besucher, die bei einer gemächlichen Fahrt über stille Fließe die Eigentümlichkeiten dieser Fluß-Insel-Landschaft kennenlernen.

Durch die Abgeschlossenheit, in der die Spreewald-Bewohner lange Zeit lebten, konnten sich kulturelle Eigenheiten der sorbischen Bevölkerung länger erhalten, als in anderen Gebieten. Nicht bequem, aber ein besonderes Kunstwerk ist die Tracht der Frauen mit ihrem sehr aufwendigen Kopfputz. Die kostbaren Kleidungsstücke werden heute allerdings nur noch selten aus der Truhe geholt, um sie in traditioneller Weise anzulegen, etwa bei feierlichen Anlässen in der Familie oder in der Dorfgemeinschaft. Auffallend sind die mannigfaltigen Variationen der sorbischen Tracht. Je nach Region, wirtschaftlichem oder familiärem Status der Trägerin unterscheidet sie sich in ihren Merkmalen. Aber auch modische Strömungen haben zu Abweichungen von der traditionellen Form geführt. Das Kostüm der hier abgebildeten Spreewald-Schönen ist die Tracht einer verheirateten Patin aus Burg.

Im östlichen Randgebiet des Oberspreewalds liegt Straupitz. Auch hier spürt man die typische Spreewaldatmosphäre: Wasserwege mit Erlengebüsch, Eichen und Buchen an den Ufern, Kähne, die über stille Kanäle gleiten, Heuschober auf saftigen Wiesen – ein Ort, umgeben von ruhiger Ländlichkeit. Um so überraschter ist der Besucher von einem überaus monumentalen Kirchenbau im klassizistischen Stil, dessen doppeltürmige, mit Rundbogenfenstern gegliederte Fassade in leuchtendem Weiß hinter den Gärten emporsteigt. Der Bau, ein Werk Karl Friedrich Schinkels, ist zwischen 1827 und 1832 entstanden.

Kurz bevor die 398 Kilometer lange Spree ihre Mündung in Berlin-Spandau erreicht, legt sie noch einmal ihren Flußcharakter ab und verliert sich im weiten Wasserbecken des Müggelsees. Die ruhige herbstliche Stimmung darf aber nicht darüber hinwegtäuschen, daß es hier mitunter auch recht rauh zugehen kann. „Die Müggel ist bös", bemerkte Fontane in seiner Beschreibung eines plötzlichen Wetterumsturzes. „Es ist, als wohnten noch die alten Heidengötter darin, deren Bilder einst die Hand der Mönche von den Müggelsbergen herab in den See warf. Die alten Mächte sind besiegt, aber nicht tot, und in der Dämmerstunde steigen sie herauf und denken, ihre Zeit sei wieder da."

Der Ausschnitt einer Generalkarte des Preußischen Staates, die 1837 von C. F. Weiland entworfen und gezeichnet wurde, zeigt die Mark Brandenburg.